Goethe für Anfänger

Goethe für Anfänger

Herausgegeben von
Karina Gómez-Montero
und Ingrid Reul,
eingeleitet und kommentiert
von Werner Keller

DuMont

Erste Auflage 1998

Ausstattung und Umschlag: Groothuis + Malsy
Gesetzt aus der Proforma
Gedruckt auf säurefreiem und chlorfrei gebleichtem Papier
Satz: Greiner & Reichel, Köln
Druck und Verarbeitung: Clausen & Bosse, Leck
Printed in Germany
ISBN 3-7701-4713-8

Goethe für Anfänger

Inhalt

»Warum stehen sie davor?
Ist nicht Türe da und Tor?
Kämen sie getrost herein,
Würden wohl empfangen sein.«

Einladung an den Leser

In einem bissigen Essay, gegen die »Einschüchterung durch die Klassizität« geschrieben, rechnete Bertolt Brecht 1954 mit Regisseuren ab, die außerstande seien, »die ursprüngliche Frische der klassischen Werke, ihr damalig Überraschendes, Neues, Produktives« auf der Bühne zu neuem Leben zu erwecken. Brecht klagte Spießigkeit und Beweihräucherung an, die der »geschichtlichen Situation« um 1800 und deren »Ideengehalt« nicht angemessen sind, und klagte den »echten Respekt, den diese Werke verlangen können«, nachdrücklich ein: »Die Größe der klassischen Werke besteht in ihrer menschlichen Größe.«

In der Zwischenzeit nahm die distanzierende Fremdheit gegenüber der kulturellen Tradition noch zu. Mitgerissen von der Beschleunigung, die die neuen Technologien auslösen, haben wir heutzutage alle Hände voll zu tun, um den Anforderungen der Arbeitswelt gerecht zu werden. Und doch wissen wir, daß unsere Gegenwart sich erst im Spiegel der Vergangenheit erkennt, und wir ahnen, daß sich Vergangenes – als Fehler und als Verfehlung – wiederholt, wenn es uns nicht lernfähig macht und unseren Weg in die Zukunft nicht bewußt mitbestimmt. Positiv gewendet: Eine jede Gegenwart lebt vom kulturellen Reichtum früherer Generationen. Da aber jede Gabe auch eine Aufgabe enthält, ist uns Heutigen aufgetragen, das Bleibende an früheren Texten zu vergegenwärtigen und das Gültige in ihnen aufzunehmen. Der Leser selbst ist es, der das Versprechen einlösen kann: Wer sich mit Goethe beschäftigt, beschenkt sich selbst am meisten. Sein Werk, das jeder Generation einen eigenen Zugang ermöglicht und daher stets aufs neue und selbständig anzueignen ist, tritt für das Recht des Individuums ein, doch bindet es dieses an die Verpflichtung fürs Ganze; es bekennt sich zur aufgeklärten Toleranz gegenüber Andersdenkenden und enthält eine entschiedene Absage an alles Nationalistische. Goethe war ein politisch verantwortlicher Mensch, der seinem Herzogtum mit ungewöhnlichem Fleiß diente. Um dem verwirrenden Treiben der Menschen, um der Willkür der Geschichte widerstehen zu können, suchte er nach den verbindlichen Gesetzen der Natur, nach dem Dauernden im unaufhörlichen Wechsel der Erscheinungen. Goethe ist der Ahnherr all derer, die gegen die pure technische Verfügbarkeit der Natur opponieren. Im Jahre 1749 geboren, ist er uns Heutigen in vielem weit voraus – als der Europäer unter den Deutschen und als der »Weltbewohner«, wie er sich nannte, unter den Europäern, – als der Mensch, der, allem Neuen aufgeschlossen, das »alte Wahre« bemühte, um das unbekannte Zukünftige überlegter zu verstehen und damit überlegener bestehen zu können.

Goethes Mutter nahm in einem Brief (vom 25. Dezember 1807) vorweg, eines Tages werde ihr Sohn – wie auch Schiller – als »klassischer Schriftsteller« gehandelt und den Schülern »eingebleut«. Das vorliegende Buch will seine Leser nicht mit Klassischem traktieren oder gar »einschüchtern«, sondern mit seinen vielen Texten Freude machen, indem es zum Mitempfinden und Mitdenken anregt und zum gelegentlichen Einspruch aufregt, – indem es Einsichten vermittelt, die, oft für den Tag geschrieben, weit über den Tag hinaus gelten. Vielleicht kann hier und da die neugewonnene Goethe-Kenntnis die Selbsterkenntnis eines Lesers ergänzen und zu einem genaueren Verständnis für Menschen und das, was wir Leben nennen, beitragen.

Kürzlich fragte ein nachdenklicher Spaßvogel, »wieviel Goethe man zum Leben brauche«. Die Antwort stand von vornherein fest.

Natürlich kommen viele, sehr viele ohne die Einsichten der Kunst aus – wie auch ohne die Verbindlichkeit des eigenen Gewissens. Aber Kultur ist mehr als bloße Verschönerung festlicher Stunden. Die Literatur organisiert den Widerstand der Phantasie gegen die Zwecke der Ökonomie und die Zwänge der verwalteten Welt. Jeder Blick in die Ungerechtigkeit unserer Gegenwart und in die Härte des Lebens erinnert uns daran, daß wir die kulturellen Entwürfe von gestern benötigen, soll die Wirklichkeit von morgen menschenfreundlicher werden.

»Goethe für den Anfang«: Die Auswahl, vorgenommen unter den thematischen Aspekten von Liebe und Freundschaft, Individuum und Geselligkeit, Selbstbestimmung und Tätigkeit, Jugend und Alter, ist als Hinführung gedacht. Es bot sich an, vor allem Sentenzen vorzulegen, lapidar formulierte gedankliche Resultate, die sich der individuellen Erfahrung und dem Wissen vieler Jahrhunderte verdanken, doch durfte auf ausführliche Beispiele, auf Auszüge aus Romanen und Dramen, Gedichten und Briefen nicht verzichtet werden, die aus einem Textganzen isoliert werden mußten. Aber Goethe selbst entschuldigt uns, da er bei Gelegenheit äußerte, daß sogar solche Sammlungen »manche gute Wirkung« hervorbringen: »Streichen wir nicht in einem Buche Stellen an, die sich unmittelbar auf uns beziehen?« Vielleicht halten die ausgewählten »Stellen« zur ergänzenden Lektüre an, die beides bestätigt: daß Goethe ein Zeitgenosse auch unserer Gegenwart ist und man in seinem Werk mehr findet, als man sucht: im günstigen Fall den ermutigenden Spiegel für das eigene Leben.

Eine streng chronologische Reihung der Zitate wurde innerhalb der einzelnen Kapitel nicht einzuhalten versucht; der thematischen Abfolge gaben wir den Vorzug. Widersprüchliches rückten wir hier und da bewußt zusammen, denn Goethes Liberalität beweist sich nirgends überzeugender als in seiner Erfahrung, daß jeder Satz auch den Gegen-Satz hervorruft, jede momentane, subjektive Äußerung der Ergänzung und Korrektur bedarf, will sie der so vielfältigen wie widersprüchlichen Lebensganzheit gerecht werden. Beginnt damit die Weisheit, daß wir neben der Wahrheit des einen Urteils auch andere Wahrheiten gelten lassen?

Man mißtraue dem Urteil derer, die von der veralteten, verstaubten Klassik daherreden und dabei übersehen, daß sie selbst es sind, denen es an erneuernder, belebender Kraft fehlt; man vertraue allein der eigenen Neugierde und dem Sensorium für Lesebegegnungen, die uns menschlich fördern, indem sie Verstand und Phantasie, Erfahrung und Wissen freundlich fordern. Niemand soll sich der ungeprüften Autorität der Tradition ausliefern. Im Bewußtsein der Einzigartigkeit wie der Unwiederholbarkeit von Goethes Dichten und Denken stellen wir, der »ursprünglichen Frische« gewiß, eine lebendige Beziehung her, die kritisch-selbstkritisch erschließen will, was frühere Werke an unverwirklichter Zukünftigkeit enthalten können. Im übrigen gilt für uns Leser, was Goethe noch in seinem letzten Lebensjahr jungen Autoren zurief: »Man halte sich ans fortschreitende Leben.«

I

»Meine Seele ist an dich fest gebunden«

Von der Liebe und vom Eros

Nein – es bedarf keines Kommentars, das Buch von der Liebe, das »wunderlichste Buch der Bücher«, da jeder Leser eigene ausführliche Fußnoten und eng beschriebene Randglossen hinzugeben könnte. Die folgenden Blätter überlassen sich zunächst – mit Gedichten, Reflexionen, Romansplittern und autobiographischen Anmerkungen – dem Glück der Liebe und sprechen mit präzisem Überschwang aus, was bis dahin in deutscher Sprache ungehört war: den jubelnden Einklang von Ich und Du, von Mensch und Natur, – die Einstimmung des Liebenden in die kosmische Harmonie.

»Ganze Hefte Leiden« – unerwiderte Sehnsucht, Abschied, Trennungsleid und Vereinsamung: Dieser Liebeswelt ist alle Seligkeit bekannt und kein Schmerz fremd. Jede Empfindung hat ihre Zeit, und jedes Wort gründet im Erlebten. Goethe kennt man zunächst als Lyriker, als Liebeslyriker über fünf, sechs lange Jahrzehnte hinweg. Verstehen wir ihn historisch und vergleichen ihn mit seinen Vorgängern, deren Bedeutung nicht geschmälert werden soll, dann dürfen wir sagen, daß mit seinen Gedichten ein Umbruch beginnt, ein Aufbruch »zu neuen Ufern«. Der junge Goethe machte das Herz in allen Stimmungen sprachfähig und die Sprache in allen ihren Nuancen liebesfähig. Doch genug davon. Wer Ohren hat zu hören, wird das »Ursprüngliche«, das »Frische« dieser Verse vernehmen, die Liebe als Naturlaut, ihre Natürlichkeit in der Kunst der Klänge, der Rhythmen und Reime.

Man weiß hierzulande wenig von Goethes Werk, doch sein Leben verführt zu luftigen Spekulationen, und die vermeintliche Vielzahl seiner Liebesbeziehungen regt zu phantasieschwangeren Mutmaßungen an. Keine Frage: Goethe war ein Liebender, Mensch und Natur mit allen Sinnen geöffnet, ein Enthusiasmierter, dem die Schöpfung »herrlich wie am ersten Tag« vors Auge trat, ein Erotiker, lebenslang hingerissen von Frauenschönheit und weiblichem Liebreiz. Wer sich mit Goethes Biographie beschäftigt, ohne dem Voyeurismus stattzugeben, bemerkt bald, daß die dichterische Phantasie liebesbereit ist, noch ehe eine Geliebte auftritt, und schon seit den Wetzlarer Tagen Entsagung um des eigenen Wachsens, später um der Pflichten fürs Gemeinwohl willen geübt wird. Überrascht nimmt man auch wahr, daß seine Liebe gern gebundenen Frauen gilt, da das Unerreichbare, wie Schopenhauer bemerkte, den »Dichter-Trieb« eher erregt als die gestillte Sehnsucht. Und wer wagt über die Untreue gegen Friederike Brion zu rechten oder gar zu richten? Wer nimmt sich heraus, Ehescheu zu konstatieren oder den Egoismus des Genies haftbar zu machen? Kann die tief durchlittene Untreue als schuldhafte Treue zur eigenen Entwicklung ausgelegt werden, auch wenn sich Goethe nie ein Ausnahmerecht zugestand? Gedichtete Figuren wie Clavigo büßen mit dem Leben für ihre Treulosigkeit. Vielleicht, dies mag sein, gewann die Dichtung für Goethe eine entlastende Kraft, da er sie von früh an als »Konfession«, als Bekenntnis wie als Beichte begriff. Ein langes Jahrzehnt ging er in Weimar in die strenge »Schule der Frauen«, bis er 1786 nach Italien floh – auch vor der Liebe zu Charlotte von Stein, einer verheirateten, der höfischen Sitte und pietistischen Sittlichkeit verpflichteten Frau, die weder seinem Drängen noch ihrem Gefühl ganz traute, die ihn bildete, anzog und abwies. In Rom, unter dem südlichen Himmel, gewann er endlich das »Gefühl freieren Lebens«. Für die Vielzahl der Frauen, die Goethe zu Vers und Prosa anregten, für fast alle Begegnungen trifft zu, was sich Ulrike von Levetzow etwas ungelenk notierte: »Keine Liebschaft war es nicht.« Aber eine Liebe war es, aufwühlend und den alten Herrn gefährdend. Dieser tiefen Leidenschaft verdanken wir eines der großen, erhebenden und erschütternden Zeugnisse der Weltliteratur, die »Marienbader Elegie« (1823). »Keine Liebschaft«, wohl aber eine aus Schmerz und Entsagung stammende Liebe, die nur im Wort ihre Heilung fand. In einem solchen Unverhältnis können Ursache und Wirkung, Faktum und dichterische Objektivierung stehen. Mit guten Gründen sprach man daher im Altertum vom »Zeugen« des Liebesgedankens in der empfänglichen Seele und von der Erkenntnis, die nur dem Eros geschenkt ist.

In der erotischen Liebe gipfelt für Goethes Dichtung die Liebe zum Leben. Es war der Eros, der, nach frühgriechischer Vorstellung der Erstgeborene unter den Göttern, aus der Urbegattung von Chaos und Erde hervorging; es ist der Eros, der in Goethes gedichtetem Kosmos Mensch und Welt verklärt und die Einheit des Getrennten für vergänglich-unvergängliche Augenblicke herstellt.

Der junge Goethe hat wie niemand vor ihm im deutschen Sprachraum die Liebe selig gesprochen und Sinne und Sinnlichkeit entgegen den Normen und Konventionen seiner Zeit in ihre Rechte eingesetzt, – ohne die Gefährdungen und den bitteren Preis der unbedingten Liebe zu verschweigen. Wir können die Kühnheit mancher Texte nur verstehen, wenn wir wahrnehmen, daß Goethe die Liebestheorien und Erotica des Altertums allesamt in sein Werk aufnimmt und völlig individualisiert wiedergibt. In Platons »Gastmahl« deutet Diotima den anwesenden Männern, Sokrates vornean, das Wesen der Liebe: Jeder Mensch ist ein bloßer Teil, eine Hälfte, die sich nach der verlorenen Ganzheit und neuer Einswerdung sehnt. Der Liebende ist höher als der Geliebte zu stellen; er ist bestrebt, beim »inneren Aufstieg« zum Guten und Schönen zu werden, was und wer er noch nicht ist. Seneca, die Stoa setzten Ovid und der verwirrenden Liebe die Gelassenheit des verständigen Herzens entgegen, während Plotin, der Neuplatoniker, im Eros den Erlöser erkannte. Auch Werther sehnt sich nach Erlösung aus den Banden des Endlichen – und nicht nur aus den Fesseln des Bürgerlebens; auch seine Sehnsucht überfordert die Liebe und die Geliebte.

Mehrere »Römische Elegien« Goethes waren so freizügig, daß weder er noch seine ersten Herausgeber eine Veröffentlichung wagten. So mußte manches sekretiert und im Giftschränkchen versteckt werden, was Jahrzehnte später der abgebrühten Nachwelt zur lüsternen Konsumierung diente. Goethes Liebeslyrik spielt auf allen

»Stilhöhen« und mißt die ganze Spannweite der Gefühle aus. Er nahm es hin, daß seine Dichtung ihrer fehlenden Moral wegen befehdet wurde, wo sie nur lebensnah und lebenswahr erschien. Wenn er sich bei Gelegenheit »Befreier« der Deutschen nannte, meinte dies Freiheit von Prüderie und Freiheit zu einer Liebe, die das Sinnlich-Sinnenhafte einschließt, doch durchdrungen ist vom »Geist« der Liebe, der über sie hinausdrängt und Schöpfung und Geschöpfe mitmeint.

In der Alterslyrik nimmt die erotische Liebe, deren Allgefühl die Grenze des Religiösen leicht mißachtet, die Demut einer Weltliebe in sich auf, die an die Gottesliebe rührt. Die Hingabe an die Geliebte steigert sich zur Frömmigkeit für das »Hohe« und »Reine«: »In unsers Busens Reine wogt ein Streben, / Sich einem Höhern, Reinern, Unbekannten / Aus Dankbarkeit freiwillig hinzugeben, / ... / Wir heißen's: fromm sein ...« Knüpften die Mannesjahre sensualistisch an die altrömische Liebesdichtung an, – der greise Goethe erinnert in manchen Versen an das Neue Testament, das die leeren Blätter der antiken Erotica auffüllt, indem es das Liebesgebot beigibt und Nächstenliebe einfordert. Diese Liebe, von den Griechen Agape, von den Römern Caritas genannt, schließt den Eros nicht aus, wohl aber dessen Begehren und Machtspiel. Daher resümiert der Alte seinen Erzählteil in Goethes »Märchen« mit der Einsicht, die eine leise Mahnung enthält: »Die Liebe herrscht nicht, aber sie bildet, und das ist mehr.« Ähnliches hatte auch Diotima den Sokrates gelehrt. In Theodor W. Adornos (1903–1969) Sprache heißt dies, geliebt werde man nur dort, wo man schwach sein könne, ohne die Stärke des andern hervorzurufen.

Rastlose Liebe

Dem Schnee, dem Regen,
Dem Wind entgegen,
Im Dampf der Klüfte,
Durch Nebeldüfte,
Immer zu! Immer zu!
Ohne Rast und Ruh!

Lieber durch Leiden
Möcht' ich mich schlagen,
Als so viel Freuden
Des Lebens ertragen.
Alle das Neigen
Von Herzen zu Herzen,
Ach wie so eigen
Schaffet das Schmerzen!

Wie – soll ich fliehen?
Wälderwärts ziehen?
Alles vergebens!
Krone des Lebens,
Glück ohne Ruh,
Liebe, bist du!

Hamburger Ausgabe 1, 124.

Maifest

Wie herrlich leuchtet
Mir die Natur!
Wie glänzt die Sonne!
Wie lacht die Flur!

Es dringen Blüten
Aus jedem Zweig
Und tausend Stimmen
Aus dem Gesträuch

Und Freud und Wonne
Aus jeder Brust.
O Erd', o Sonne,
O Glück, o Lust,

O Lieb', o Liebe,
So golden schön
Wie Morgenwolken
Auf jenen Höhn,

Du segnest herrlich
Das frische Feld –
Im Blütendampfe
Die volle Welt!

Maifest, Strophe 1–5.
Hamburger Ausgabe 1, 30 f.

»Ich werde sie sehen!« ruf' ich morgens aus, wenn ich mich ermuntere und mit aller Heiterkeit der schönen Sonne entgegenblicke; »ich werde sie sehen!« Und da habe ich für den ganzen Tag keinen Wunsch weiter. Alles, alles verschlingt sich in dieser Aussicht.

Die Leiden des jungen Werther: Brief vom 19. Juli.
Hamburger Ausgabe 6, 40.

Deine Liebe ist mir wie der Morgen- und Abendstern, er geht nach der Sonne unter und vor der Sonne wieder auf. Ja, wie ein Gestirn des Pols, das nie untergehend über unserm Haupt einen ewig lebendigen Kranz flicht.

An Charlotte von Stein, 22. März 1781.
Gedenkausgabe 18, 580.

Blick um Blick

Wenn du dich im Spiegel besiehst,
Denke, daß ich diese Augen küßte,
Und mich mit mir selbst entzweien müßte,
Sobalde du mich fliehst:
Denn da ich nur in diesen Augen lebe,
Du mir gibst, was ich gebe,
So wär' ich ganz verloren;
Jetzt bin ich immer wie neu geboren.

Hamburger Ausgabe 1, 372.

Ja, die Augen waren's, ja, der Mund,
Die mir blickten, die mich küßten.
Hüfte schmal, der Leib so rund
Wie zu Paradieses Lüsten.
War sie da? Wo ist sie hin?
Ja! sie war's, sie hat's gegeben,
Hat gegeben sich im Fliehn
Und gefesselt all mein Leben.

Westöstlicher Divan: Buch der Liebe.
Hamburger Ausgabe 2, 28.

Neue Liebe, neues Leben

Herz, mein Herz, was soll das geben,
Was bedränget dich so sehr?
Welch ein fremdes neues Leben –
Ich erkenne dich nicht mehr.
Weg ist alles, was du liebtest,
Weg, worum du dich betrübtest,
Weg dein Fleiß und deine Ruh –
Ach, wie kamst du nur dazu?

Fesselt dich die Jugendblüte,
Diese liebliche Gestalt,
Dieser Blick voll Treu und Güte
Mit unendlicher Gewalt?
Will ich rasch mich ihr entziehen,
Mich ermannen, ihr entfliehen,
Führet mich im Augenblick
– Ach – mein Weg zu ihr zurück.

Und an diesem Zauberfädchen,
Das sich nicht zerreißen läßt,
Hält das liebe lose Mädchen
Mich so wider Willen fest.
Muß in ihrem Zauberkreise
Leben nun auf ihre Weise;
Die Verändrung, ach, wie groß!
Liebe, Liebe, laß mich los!

Hamburger Ausgabe 1, 96.

Meine Seele ist an dich fest gebunden, deine Liebe ist das schöne Licht aller meiner Tage, dein Beifall ist mein bester Ruhm [...]

An Charlotte von Stein, 29. Oktober 1781.
Gedenkausgabe 18, 621.

Freiwillige Abhängigkeit ist der schönste Zustand, und wie wäre der möglich ohne Liebe.

Die Wahlverwandtschaften, 2. Teil, 5. Kapitel: Aus Ottilies Tagebuch.
Hamburger Ausgabe 6, 397.

Hochbeglückt in deiner Liebe,
Schelt' ich nicht Gelegenheit;
Ward sie auch an dir zum Diebe,
Wie mich solch ein Raub erfreut!

Und wozu denn auch berauben?
Gib dich mir aus freier Wahl;
Gar zu gerne möcht' ich glauben –
Ja, ich bin's, die dich bestahl.

Was so willig du gegeben,
Bringt dir herrlichen Gewinn,
Meine Ruh', mein reiches Leben
Geb' ich freudig, nimm es hin!

Scherze nicht! Nichts von Verarmen!
Macht uns nicht die Liebe reich?
Halt' ich dich in meinen Armen,
Jedem Glück ist meines gleich.

Westöstlicher Divan: Buch Suleika.
Hamburger Ausgabe 2, 64.

Ach, um deine feuchten Schwingen,
West, wie sehr ich dich beneide:
Denn du kannst ihm Kunde bringen,
Was ich in der Trennung leide.

Die Bewegung deiner Flügel
Weckt im Busen stilles Sehnen;
Blumen, Augen, Wald und Hügel
Stehn bei deinem Hauch in Tränen.

Doch dein mildes sanftes Wehen
Kühlt die wunden Augenlider;
Ach, für Leid müßt' ich vergehen,
Hofft' ich nicht zu sehn ihn wieder.

Eile denn zu meinem Lieben,
Spreche sanft zu seinem Herzen;
Doch vermeid' ihn zu betrüben
Und verbirg ihm meine Schmerzen.

Sag' ihm aber, sag's bescheiden:
Seine Liebe sei mein Leben,
Freudiges Gefühl von beiden
Wird mir seine Nähe geben.

Westöstlicher Divan: Buch Suleika. Verse Marianne Willemers.
Hamburger Ausgabe 2, 82.

Du hattest längst mir's angetan,
Doch jetzt gewahr' ich neues Leben:
Ein süßer Mund blickt uns gar freundlich an,
Wenn er uns einen Kuß gegeben.

An Ulrike von Levetzow, Strophe 1.
Hamburger Ausgabe 1, 378.

Gingo biloba

Dieses Baums Blatt, der von Osten
Meinem Garten anvertraut,
Gibt geheimen Sinn zu kosten,
Wie's den Wissenden erbaut.

Ist es e i n lebendig Wesen,
Das sich in sich selbst getrennt?
Sind es zwei, die sich erlesen,
Daß man sie als e i n e s kennt?

Solche Frage zu erwidern,
Fand ich wohl den rechten Sinn;
Fühlst du nicht an meinen Liedern,
Daß ich eins und doppelt bin?

Westöstlicher Divan: Buch Suleika.
Hamburger Ausgabe 2, 66.

Die bleibt nicht aus! – Er stürzt vom Himmel nieder,
Wohin er sich aus alter Öde schwang,
Er schwebt heran auf luftigem Gefieder
Um Stirn und Brust den Frühlingstag entlang,
Scheint jetzt zu fliehn, vom Fliehen kehrt er wieder,
Da wird ein Wohl im Weh, so süß und bang.
Gar manches Herz verschwebt im Allgemeinen,
Doch widmet sich das edelste dem Einen.

Urworte. Orphisch: Eros.
Hamburger Ausgabe 1, 360.

Warnung

Am Jüngsten Tag, wenn die Posaunen schallen,
Und alles aus ist mit dem Erdeleben,
Sind wir verpflichtet, Rechenschaft zu geben
Von jedem Wort, das unnütz uns entfallen.

Wie wird's nun werden mit den Worten allen,
In welchen ich so liebevoll mein Streben
Um deine Gunst dir an den Tag gegeben,
Wenn diese bloß an deinem Ohr verhallen?

Darum bedenk', o Liebchen, dein Gewissen,
Bedenk' im Ernst, wie lange du gezaudert,
Daß nicht der Welt solch Leiden widerfahre.

Werd' ich berechnen und entschuld'gen müssen,
Was alles unnütz ich vor dir geplaudert,
So wird der Jüngste Tag zum vollen Jahre.

Hamburger Ausgabe 1, 301.

Singet nicht in Trauertönen
Von der Einsamkeit der Nacht!
Nein, sie ist, o holde Schönen,
Zur Geselligkeit gemacht.

Wie das Weib dem Mann gegeben
Als die schönste Hälfte war,
Ist die Nacht das halbe Leben,
Und die schönste Hälfte zwar.

Könnt ihr euch des Tages freuen,
Der nur Freuden unterbricht?
Er ist gut, sich zu zerstreuen;
Zu was anderm taugt er nicht.

Aber wenn in nächt'ger Stunde
Süßer Lampe Dämmrung fließt,
Und vom Mund zum nahen Munde
Scherz und Liebe sich ergießt;

Wenn der rasche, lose Knabe,
Der sonst wild und feurig eilt,
Oft bei einer kleinen Gabe
Unter leichten Spielen weilt;

Wenn die Nachtigall Verliebten
Liebevoll ein Liedchen singt,
Das Gefangnen und Betrübten
Nur wie Ach und Wehe klingt:

Mit wie leichtem Herzensregen
Horchet ihr der Glocke nicht,
Die mit zwölf bedächt'gen Schlägen
Ruh' und Sicherheit verspricht!

Darum an dem langen Tage
Merke dir es, liebe Brust:
Jeder Tag hat seine Plage,
Und die Nacht hat ihre Lust.

Wilhelm Meisters Lehrjahre, 5. Buch, 10. Kapitel: Philine.
Hamburger Ausgabe 7, 317.

Froh empfind' ich mich nun auf klassischem Boden begeistert,
Vor- und Mitwelt spricht lauter und reizender mir.
Hier befolg' ich den Rat, durchblättre die Werke der Alten
Mit geschäftiger Hand, täglich mit neuem Genuß.
Aber die Nächte hindurch hält Amor mich anders beschäftigt;
Werd' ich auch halb nur gelehrt, bin ich doch doppelt beglückt.
Und belehr' ich mich nicht, indem ich des lieblichen Busen
Formen spähe, die Hand leite die Hüften hinab?
Dann versteh' ich den Marmor erst recht: ich denk' und vergleiche,
Sehe mit fühlendem Aug', fühle mit sehender Hand.
Raubt die Liebste denn gleich mir einige Stunden des Tages,
Gibt sie Stunden der Nacht mir zur Entschädigung hin.
Wird doch nicht immer geküßt, es wird vernünftig gesprochen;
Überfällt sie der Schlaf, lieg' ich und denke mir viel.
Oftmals hab' ich auch schon in ihren Armen gedichtet
Und des Hexameters Maß leise mit fingernder Hand
Ihr auf den Rücken gezählt. Sie atmet in lieblichem Schlummer,
Und es durchglühet ihr Hauch mir bis ins Tiefste die Brust.
Amor schüret die Lamp' indes und denket der Zeiten,
Da er den nämlichen Dienst seinen Triumvirn getan.

V. Römische Elegie.
Hamburger Ausgabe 1, 160.

O Jüngling, sei weise, verwein' nicht vergebens
Die fröhlichsten Stunden des traurigen Lebens,
Wenn flatterhaft je dich ein Mädchen vergißt.
Geh, ruf sie zurücke, die vorigen Zeiten,
Es küßt sich so süße der Busen der zweiten
Als kaum sich der Busen der ersten geküßt.

Unbeständigkeit. Strophe 2.
Hamburger Ausgabe 1, 20.

Zeitverkürzend ist immer die Nähe der Geliebten [...]

Dichtung und Wahrheit, 3. Teil, 11. Buch.
Hamburger Ausgabe 9, 454.

Wärst du nur jetzt bei mir! Es sind überall große, breite Betten, und du solltest dich nicht beklagen, wie es manchmal zu Hause geschieht. Ach! mein Liebchen! Es ist nichts besser als beisammen zu sein. Wir wollen es uns immer sagen, wenn wir uns wieder haben.

An Christiane Vulpius, 10. September 1792.
Hamburger Ausgabe, Briefe 2, 154 f.

Alexander und Cäsar und Heinrich und Friedrich, die Großen,
 Gäben die Hälfte mir gern ihres erworbenen Ruhms,
Könnt' ich auf e i n e Nacht dies Lager jedem vergönnen;
 Aber die Armen, sie hält strenge des Orkus Gewalt.
Freue dich also, Lebend'ger, der lieberwärmeten Stätte,
 Ehe den fliehenden Fuß schauerlich Lethe dir netzt.

X. Römische Elegie.
Hamburger Ausgabe 1, 163.

Die erste Liebe, sagt man mit Recht, sei die einzige: denn in der zweiten und durch die zweite geht schon der höchste Sinn der Liebe verloren. Der Begriff des Ewigen und Unendlichen, der sie eigentlich hebt und trägt, ist zerstört, sie erscheint vergänglich wie alles Wiederkehrende.

Dichtung und Wahrheit, 3. Teil, 13. Buch.
Hamburger Ausgabe 9, 578f.

Zu der Zeit liebt sich's am besten, wenn man noch denkt, daß man allein liebt und noch kein Mensch so geliebt hat und lieben werde.

Gespräch mit Friedrich Wilhelm Riemer, 27. Juni 1811.
Gedenkausgabe 22, 640.

Die Gestalt dieses Mädchens verfolgte mich von dem Augenblick an auf allen Wegen und Stegen: es war der erste bleibende Eindruck, den ein weibliches Wesen auf mich gemacht hatte; und da ich einen Vorwand, sie im Hause zu sehen, weder finden konnte noch suchen mochte, ging ich ihr zuliebe in die Kirche und hatte bald ausgespürt, wo sie saß; und so konnte ich während des langen protestantischen Gottesdienstes mich wohl satt an ihr sehen. Beim Herausgehen getraute ich mich nicht, sie anzureden, noch weniger, sie zu begleiten, und war schon selig, wenn sie mich bemerkt und gegen einen Gruß genickt zu haben schien.

Dichtung und Wahrheit, 1. Teil, 5. Buch.
Hamburger Ausgabe 9, 168.

Verzweifelt nicht, ihr Jünglinge, wenn eure Mädchen spröde sind. Niemals hat noch die Kälte der mütterlichen Lehren ein weibliches Herz so zu Eis gehärtet, daß es der alles erwärmende Hauch der Liebe nicht hätte zerschmelzen sollen.

Annette. Kunst, die Spröden zu fangen.
Gedenkausgabe 2, 14.

Ach, wer bringt die schönen Tage,
Jene Tage der ersten Liebe,
Ach, wer bringt nur eine Stunde
Jener holden Zeit zurück!

Einsam nähr' ich meine Wunde,
Und mit stets erneuter Klage
Traur' ich ums verlorne Glück.

Ach, wer bringt die schönen Tage,
Jene holde Zeit zurück!

Jubiläumsausgabe 1, 37.

Wahrhaft Liebende betrachten alles, was sie bisher empfunden, nur als Vorbereitung zu ihrem gegenwärtigen Glück, nur als Base, worauf sich erst ihr Lebensgebäude erheben soll. Vergangene Neigungen erscheinen wie Nachtgespenster, die sich vor dem anbrechenden Tage wegschleichen.

Dichtung und Wahrheit, 4. Teil, 19. Buch.
Hamburger Ausgabe 10, 167.

Man möchte oft lieber ein Gespenst als einen alten Liebhaber zur unrechten Zeit vor Augen sehen.

Wilhelm Meisters Lehrjahre, 5. Buch, 15. Kapitel: Philine.
Hamburger Ausgabe 7, 339.

Jüngst schlich ich meinem Mädchen nach,
Und ohne Hindernis
Umfaßt' ich sie im Hain; sie sprach:
»Laß mich, ich schrei' gewiß!«
Da droht' ich trotzig: »Ha, ich will
Den töten, der uns stört!«
»Still«, winkt sie lispelnd, »Liebster, still,
Damit dich niemand hört!«

Hamburger Ausgabe 1, 18.

Dem Liebhaber glaubt ein Mädchen immer mehr als der Mutter.

Annette. Kunst, die Spröden zu fangen.
Gedenkausgabe 2, 15.

Und heiraten! heiraten just zur Zeit, da das Leben erst recht in Schwung kommen soll! sich häuslich niederlassen, sich einschränken, da man noch die Hälfte seiner Wanderung nicht zurückgelegt, die Hälfte seiner Eroberungen noch nicht gemacht hat! Daß du sie liebtest, das war natürlich, daß du ihr die Ehe versprachst, war eine Narrheit, und wenn du Wort gehalten hättest, wär's gar Raserei gewesen.

Clavigo, 1. Akt, 1. Szene: Carlos.
Hamburger Ausgabe 4, 262.

Ein Bekannter von mir saß bei seiner Braut im Wagen und fuhr nach der Kirche; da ergriff ihn eine solche Altar- und Bettscheue, daß er eine Ohnmacht vorspiegelte und umkehren ließ, wie denn auch der Handel rückgängig wurde.

An Karl Friedrich Zelter, 4. Dezember 1827.
Hamburger Ausgabe, Briefe 4, 263.

Bist du von deiner Geliebten getrennt
Wie Orient vom Okzident,
Das Herz durch alle Wüste rennt;
Es gibt sich überall selbst das Geleit,
Für Liebende ist Bagdad nicht weit.

Westöstlicher Divan: Buch Suleika.
Hamburger Ausgabe 2, 75.

Gewiß, ich wäre schon so ferne, ferne,
So weit die Welt nur offen liegt, gegangen,
Bezwängen mich nicht übermächt'ge Sterne,
Die mein Geschick an deines angehangen,
Daß ich in dir nun erst mich kennen lerne.
Mein Dichten, Trachten, Hoffen und Verlangen
Allein nach dir und deinem Wesen drängt,
Mein Leben nur an deinem Leben hängt.

Charlotte von Stein gewidmet.
Hamburger Ausgabe 1, 127.

Man kann niemand lieben, als dessen Gegenwart man sicher ist, wenn man sein bedarf.

Maximen und Reflexionen.
Hamburger Ausgabe 12, 534.

Meine Ruh' ist hin,
Mein Herz ist schwer;
Ich finde sie nimmer
Und nimmermehr.

Wo ich ihn nicht hab',
Ist mir das Grab,
Die ganze Welt
Ist mir vergällt.

Mein armer Kopf
Ist mir verrückt,
Mein armer Sinn
Ist mir zerstückt.

Meine Ruh' ist hin,
Mein Herz ist schwer;
Ich finde sie nimmer
Und nimmermehr.

Nach ihm nur schau' ich
Zum Fenster hinaus,
Nach ihm nur geh' ich
Aus dem Haus.

Sein hoher Gang,
Sein' edle Gestalt,
Seines Mundes Lächeln,
Seiner Augen Gewalt,

Und seiner Rede
Zauberfluß,
Sein Händedruck,
Und ach sein Kuß!

Meine Ruh' ist hin,
Mein Herz ist schwer;
Ich finde sie nimmer
Und nimmermehr.

Mein Busen drängt
Sich nach ihm hin.
Ach dürft' ich fassen
Und halten ihn,

Und küssen ihn,
So wie ich wollt',
An seinen Küssen
Vergehen sollt'!

Faust I, V. 3374–3413: Gretchen.
Hamburger Ausgabe 3, 107–109.

Der Bräutigam

Um Mitternacht, ich schlief, im Busen wachte
Das liebevolle Herz, als wär' es Tag;
Der Tag erschien, mir war, als ob es nachte,
Was ist es mir, so viel er bringen mag.

Sie fehlte ja, mein emsig Tun und Streben
Für sie allein ertrug ich's durch die Glut
Der heißen Stunde, welch erquicktes Leben
Am kühlen Abend! lohnend war's und gut.

Die Sonne sank, und Hand in Hand verpflichtet
Begrüßten wir den letzten Segensblick,
Und Auge sprach, ins Auge klar gerichtet:
Von Osten, hoffe nur, sie kommt zurück.

Um Mitternacht! der Sterne Glanz geleitet
In holdem Traum zur Schwelle, wo sie ruht.
O sei auch mir dort auszuruhn bereitet,
Wie es auch sei das Leben es ist gut.

Hamburger Ausgabe 1, 386.

Ich begreife manchmal nicht, wie sie ein anderer lieb haben k a n n , lieb haben d a r f , da ich sie so ganz allein, so innig, so voll liebe, nichts anders kenne, noch weiß, noch habe als sie!

Die Leiden des jungen Werther: Brief vom 3. September.
Hamburger Ausgabe 6, 76.

Behalte mich ja lieb! denn ich bin manchmal in Gedanken eifersüchtig und stelle mir vor: daß dir ein andrer besser gefallen könnte, weil ich viele Männer hübscher und angenehmer finde als mich selbst. Das mußt du aber nicht sehen, sondern du mußt mich für den besten halten, weil ich dich ganz entsetzlich lieb habe und mir außer dir nichts gefällt. Ich träume oft von dir, allerlei konfuses Zeug, doch immer, daß wir uns lieb haben. Und dabei mag es bleiben.

An Christiane Vulpius, 10. September 1792.
Hamburger Ausgabe, Briefe 2, 155.

Große Leidenschaften sind Krankheiten ohne Hoffnung. Was sie heilen könnte, macht sie erst recht gefährlich.

Maximen und Reflexionen.
Hamburger Ausgabe 12, 533.

Wunderlichstes Buch der Bücher
Ist das Buch der Liebe;
Aufmerksam hab' ich's gelesen:
Wenig Blätter Freuden,
Ganze Hefte Leiden;
Einen Abschnitt macht die Trennung.
Wiedersehn – ein klein Kapitel,
Fragmentarisch! Bände Kummers,
Mit Erklärungen verlängert,
Endlos, ohne Maß.

Westöstlicher Divan: Buch der Liebe, Lesebuch.
Hamburger Ausgabe 2, 28.

Alles geben die Götter, die unendlichen,
Ihren Lieblingen ganz,
Alle Freuden, die unendlichen,
Alle Schmerzen, die unendlichen, ganz.

Hamburger Ausgabe 1, 142.

Nein, ich betrüge mich nicht! Ich lese in ihren schwarzen Augen wahre Teilnehmung an mir und meinem Schicksal. Ja, ich fühle, und darin darf ich meinem Herzen trauen, daß sie – o darf ich, kann ich den Himmel in diesen Worten aussprechen? – daß sie mich liebt!
Mich liebt! – Und wie wert ich mir selbst werde, wie ich – dir darf ich's wohl sagen, du hast Sinn für so etwas – wie ich mich selbst anbete, seitdem sie mich liebt!
Ob das Vermessenheit ist oder Gefühl des wahren Verhältnisses? – Ich kenne den Menschen nicht, von dem ich etwas in Lottes Herzen fürchtete. Und doch – wenn sie von ihrem Bräutigam spricht, mit solcher Wärme, solcher Liebe von ihm spricht – da ist mir's wie einem, der aller seiner Ehren und Würden entsetzt und dem der Degen genommen wird.

Ach, wie mir das durch alle Adern läuft, wenn mein Finger unversehens den ihrigen berührt, wenn unsere Füße sich unter dem Tische begegnen! Ich ziehe zurück wie vom Feuer, und eine geheime Kraft zieht mich wieder vorwärts – mir wird's so schwindelig vor allen Sinnen. – O! und ihre Unschuld, ihre unbefangne Seele fühlt nicht, wie sehr mich die kleinen Vertraulichkeiten peinigen. Wenn sie gar im Gespräch ihre Hand auf die meinige legt und im Interesse der Unterredung näher zu mir rückt, daß der himmlische Atem ihres Mundes meine Lippen erreichen kann: – ich glaube zu versinken, wie vom Wetter gerührt.

Die Leiden des jungen Werther: Briefe vom 13. und 16. Juli.
Hamburger Ausgabe 6, 38f.

Ach, ich wußte, daß du mich liebtest, wußte es an den ersten seelenvollen Blicken, an dem ersten Händedruck, und doch, wenn ich wieder weg war, wenn ich Albert an deiner Seite sah, verzagte ich wieder in fieberhaften Zweifeln.

Erinnerst du dich der Blumen, die du mir schicktest, als du in jener fatalen Gesellschaft mir kein Wort sagen, keine Hand reichen konntest? o, ich habe die halbe Nacht davor gekniet, und sie versiegelten mir deine Liebe. [...]

Alles das ist vergänglich, aber keine Ewigkeit soll das glühende Leben auslöschen, das ich gestern auf deinen Lippen genoß, das ich in mir fühle! Sie liebt mich! Dieser Arm hat sie umfaßt, diese Lippen haben auf ihren Lippen gezittert, dieser Mund hat an dem ihrigen gestammelt. Sie ist mein! du bist mein! ja, Lotte, auf ewig.

Und was ist das, daß Albert dein Mann ist? Mann! Das wäre denn für diese Welt – und für diese Welt Sünde, daß ich dich liebe, daß ich dich aus seinen Armen in die meinigen reißen möchte? Sünde? Gut, und ich strafe mich dafür; ich habe sie in ihrer ganzen Himmelswonne geschmeckt, diese Sünde, habe Lebensbalsam und Kraft in mein Herz gesaugt. Du bist von diesem Augenblick mein! mein, o Lotte!

Die Leiden des jungen Werther, 2. Buch.
Hamburger Ausgabe 6, 117.

Denn so ist die Liebe beschaffen, daß sie allein recht zu haben glaubt und alle anderen Rechte vor ihr verschwinden.

Die Wahlverwandtschaften, 1. Teil, 12. Kapitel.
Hamburger Ausgabe 6, 322.

Es ist ein gefährlicher Versuch, sich ein Mädchen zuzueignen in dem Augenblicke, da sie aus Liebe zu einem andern verzweifelt.

Wilhelm Meisters Lehrjahre, 8. Buch, 7. Kapitel: Natalie.
Hamburger Ausgabe 7, 566.

Willkommen und Abschied

Es schlug mein Herz, geschwind zu Pferde!
Es war getan fast eh gedacht.
Der Abend wiegte schon die Erde,
Und an den Bergen hing die Nacht;
Schon stand im Nebelkleid die Eiche,
Ein aufgetürmter Riese, da,
Wo Finsternis aus dem Gesträuche
Mit hundert schwarzen Augen sah.

Der Mond von einem Wolkenhügel
Sah kläglich aus dem Duft hervor,
Die Winde schwangen leise Flügel,
Umsausten schauerlich mein Ohr;
Die Nacht schuf tausend Ungeheuer,
Doch frisch und fröhlich war mein Mut:
In meinen Adern welches Feuer!
In meinem Herzen welche Glut!

Dich sah ich, und die milde Freude
Floß von dem süßen Blick auf mich;
Ganz war mein Herz an deiner Seite
Und jeder Atemzug für dich.
Ein rosenfarbnes Frühlingswetter
Umgab das liebliche Gesicht,
Und Zärtlichkeit für mich – ihr Götter!
Ich hofft' es, ich verdient' es nicht!

Doch ach, schon mit der Morgensonne
Verengt der Abschied mir das Herz:
In deinen Küssen welche Wonne!
In deinem Auge welcher Schmerz!
Ich ging, du standst und sahst zur Erden
Und sahst mir nach mit nassem Blick:
Und doch, welch Glück, geliebt zu werden!
Und lieben, Götter, welch ein Glück!

Hamburger Ausgabe 1, 28f.

In jeder großen Trennung liegt ein Keim von Wahnsinn; man muß sich hüten, ihn nachdenklich auszubrüten und zu pflegen.

Maximen und Reflexionen.
Hamburger Ausgabe 12, 534.

Trocknet nicht, trocknet nicht,
Tränen der heiligen Liebe!
Ach, den halbtrocknen Augen schon
Wie öde, tot ist die Welt!
Trocknet nicht, trocknet nicht,
Tränen der ewigen Liebe!

Hamburger Ausgabe 1, 104.

Verlorne Liebe! wo ist da Ersatz für? – O, wenn ich manchmal von Gedanken in Gedanken sinke, freundliche Träume der Vergangenheit vor meine Seele bringe, hoffnungsvolle Zukunft ahne und so in des Mondes Dämmerung meinen Garten auf und ab walle, dann mich's auf einmal ergreift! ergreift, daß ich allein bin, vergebens nach allen vier Winden meine Arme ausstrecke, den Zauber der Liebe vergebens mit einem Drang, einer Fülle ausspreche, daß ich meine, ich müßte den Mond herunterziehen – und ich allein bin, keine Stimme mir aus dem Gebüsch antwortet, und die Sterne kalt und freundlich über meine Qual herabblinken!

Stella, 2. Akt.
Hamburger Ausgabe 4, 321.

Er

Gedenkst du noch der Stunden,
Wo eins zum andern drang?

Sie

Wenn ich dich nicht gefunden,
War mir der Tag so lang.

Er

Dann herrlich! ein Selbander,
Wie es mich noch erfreut.

Sie

Wir irrten uns aneinander;
Es war eine schöne Zeit.

Gedenkausgabe 2, 172.

MADAME SOMMER. Männer! Männer!

STELLA. Sie machen uns glücklich und elend! Mit welchen Ahnungen von Seligkeit erfüllen sie unser Herz! Welche neuen, unbekannten Gefühle und Hoffnungen schwellen unsere Seele, wenn ihre stürmende Leidenschaft sich jeder unserer Nerven mitteilt.

Stella, 2. Akt.
Hamburger Ausgabe 4, 320.

MADAME SOMMER. Nichts ist bleibend – Ach, er liebte mich! liebte mich so gewiß als ich ihn. Es war eine Zeit, da er nichts kannte, nichts wußte, als mich glücklich zu sehen, mich glücklich zu machen. Es war, ach! die leichteste Zeit des Lebens, die ersten Jahre einer Verbindung, wo manchmal mehr ein bißchen Unmut, ein bißchen Langeweile uns peinigen, als daß es wirklich Übel wären. Ach, er begleitete mich den leidlichen Weg, um mich in einer öden, fürchterlichen Wüste allein zu lassen.

FERNANDO, *immer verwirrter.* Und wie? Seine Gesinnungen, sein Herz?

MADAME SOMMER. Können wir wissen, was in dem Busen der Männer schlägt? – Ich merkte nicht, daß ihm nach und nach das alles ward – wie soll ich's nennen? – nicht gleichgültiger! das darf ich mir nicht sagen. Er liebte mich immer, immer! Aber er brauchte mehr als meine Liebe. Ich hatte mit seinen Wünschen zu teilen, vielleicht mit einer Nebenbuhlerin; ich verbarg ihm meine Vorwürfe nicht, und zuletzt –

FERNANDO. Er konnte –?

MADAME SOMMER. Er verließ mich. Das Gefühl meines Elends hat keinen Namen! All meine Hoffnungen in dem Augenblick zugrunde! in dem Augenblick, da ich die Früchte der aufgeopferten Blüte einzuernten gedachte – verlassen! – verlassen! – Alle Stützen des menschlichen Herzens: Liebe, Zutrauen, Ehre, Stand, täglich wachsendes Vermögen, Aussicht über eine zahlreiche, wohlversorgte Nachkommenschaft, alles stürzte vor mir zusammen, und ich – und das überbliebene unglückliche Pfand unsrer Liebe – Ein toter Kummer folgte auf die wütenden Schmerzen, und das ausgeweinte, durchverzweifelte Herz sank in Ermattung hin.

Stella, 3. Akt.
Hamburger Ausgabe 4, 331 f.

Die Liebe widersteht der Zeit, die alles raubt,
Man hat nie recht geliebt, wenn man sie endlich glaubt.

Die Mitschuldigen, 1. Akt, 5. Szene: Sophie.
Hamburger Ausgabe 4, 36.

Sieh doch, verändert sich nicht alles in der Welt?
Warum sollten unsere Leidenschaften bleiben?

Clavigo, 1. Akt, 1. Szene: Carlos.
Hamburger Ausgabe 4, 262.

Es ist eine sehr angenehme Empfindung, wenn sich eine neue Leidenschaft in uns zu regen anfängt, ehe die alte noch ganz verklungen ist. So sieht man bei untergehender Sonne gern auf der entgegengesetzten Seite den Mond aufgehn und erfreut sich an dem Doppelglanze der beiden Himmelslichter.

Dichtung und Wahrheit, 3. Teil, 13. Buch.
Hamburger Ausgabe 9, 561 f.

Unsre Leidenschaften sind wahre Phönixe. Wie der alte verbrennt, steigt der neue sogleich wieder aus der Asche hervor.

Maximen und Reflexionen.
Hamburger Ausgabe 12, 533.

Willst du Bessre besitzen,
So laß dir sie schnitzen.
Ich bin nun, wie ich bin;
So nimm mich nur hin!

Liebhaber in allen Gestalten, Strophe 9.
Gedenkausgabe 1, 28.

Der Haß ist parteiisch, aber die Liebe ist es noch mehr.

Die Wahlverwandtschaften, 1. Teil, 13. Kapitel.
Hamburger Ausgabe 6, 329.

Als ob die Liebe etwas mit dem Verstande zu tun hätte! Wir lieben an einem jungen Frauenzimmer ganz andere Dinge als den Verstand. Wir lieben an ihr das Schöne, das Jugendliche, das Nekkische, das Zutrauliche, den Charakter, ihre Fehler, ihre Kapricen und Gott weiß was alles Unaussprechliche sonst; aber wir lieben nicht ihren Verstand. Ihren Verstand achten wir, wenn er glänzend ist, und ein Mädchen kann dadurch in unsern Augen unendlich an Wert gewinnen. Auch mag der Verstand gut sein, uns zu fesseln, wenn wir bereits lieben. Allein der Verstand ist nicht dasjenige, was fähig wäre, uns zu entzünden und eine Leidenschaft zu erwecken.

Gespräch mit Johann Peter Eckermann, 2. Januar 1824.
Gedenkausgabe 24, 542.

Die wenigsten Menschen lieben an dem andern das, was er ist, nur das, was sie ihm leihen, sich, ihre Vorstellung von ihm, lieben sie.

Gespräch mit Friedrich Wilhelm Riemer aus den Jahren 1803–1814.
Gedenkausgabe 22, 756.

Was rechte Weiber sind, sollten keine Männer lieben, wir sind's nicht wert.

An Auguste Gräfin zu Stolberg, 20. Mai 1776.
Hamburger Ausgabe, Briefe 1, 218.

Es geht mir schlecht, sagte Goethe, denn ich bin weder verliebt noch ist jemand in mich verliebt.

Gespräch mit Kanzler Friedrich von Müller, 22. Mai 1822.
Gedenkausgabe 23, 197.

Denn da uns das Herz immer näher liegt als der Geist und uns dann zu schaffen macht, wenn dieser sich wohl zu helfen weiß, so waren mir die Angelegenheiten des Herzens immer als die wichtigsten erschienen.

Dichtung und Wahrheit, 2. Teil, 7. Buch.
Hamburger Ausgabe 9, 287.

Wenn dir's in Kopf und Herzen schwirrt,
Was willst du Bessres haben!
Wer nicht mehr liebt und nicht mehr irrt,
Der lasse sich begraben.

Hamburger Ausgabe 1, 315.

II

»Wie fruchtbar ist der kleinste Kreis,
Wenn man ihn wohl zu pflegen weiß«

Von Freunden, Herzensfreunden und falschen Freunden

»Wer nicht die Welt in seinen Freunden sieht, / Verdient nicht, daß die Welt von ihm erfahre.« Tassos Verse (447 f.) sprechen aus, was für Griechen und Römer und für alle Generationen seither gilt: Dem Freund verdankt der Freund einen unentbehrlichen Zugewinn an Leben, genährt durch wechselseitiges Verstehen und hilfsbereites Wohlwollen.

Freundschaft in der zweiten Hälfte des 18. Jahrhunderts war anders als zuvor und nachher. Die Empfindsamkeit, ein Seitentrieb der europäischen Aufklärung und verweltlichter Abkömmling des Pietismus, hatte ein ungewöhnliches Mitteilungsbedürfnis: Man entdeckte damals sein »inneres Universum«, und wovon das Herz voll war, davon ging der Mund über. Im Spiegel des freundschaftlich zugewandten »Du« fand man sich wieder; in den Geständnissen der aufgewühlten Seele entäußerte man sich. Freunden und Freundesbeziehungen wurde eine Bedeutung zugemessen, die früher religiösen Bezügen vorbehalten war. Heutige Leser tun sich schwer mit den schwärmerischen Bekenntnissen verwandter Seelen und deren hochgestimmtem Beichtton, doch fehlte es dem damaligen Überschwang nicht an Ernst und Aufrichtigkeit, wie wir heutzutage – kühl und distanziert – flugs unterstellen möchten. Junge Menschen beiderlei Geschlechts bildeten Zirkel für Gleichgesinnte und Gleichgestimmte. Man öffnete sich dem andern, erkannte sich in ihm, man erhöhte fremden und eigenen Wert, teilte mitteilend Erfahrungen und erlernte, wie Goethe und Friedrich Heinrich Jacobi, im Gang der Jahre die Kultur des *schonenden* Umgangs mit dem andern.

Der eigentliche Unterschied in der Pflege der Seelen- und Herzensfreundschaft früherer und jetziger Zeit: Das 18. Jahrhundert verlangte die Fähigkeit, Nuancen des Empfindens auch nuanciert zu formulieren. Die Briefkultur wurde dadurch sehr gefördert, und da Briefe oft genug die Runde machten, kam alles darauf an, dem individuellen Ausdruck durch eingestreute Reflexionen generelle Einsichten zu verschaffen, die über den flüchtigen Tag hinaus Geltung hatten. Daher arbeitete man an seinem Stil wie an einem Kunstgegenstand, und selbst der hingerissene Gefühlsausbruch verzichtete nicht auf stilistische Fertigkeit in der gesuchten Kunstlosigkeit. Das Bonmot des französischen Naturforschers Buffon, wonach der Stil der Mensch sei, führte den Briefenthusiasten die Hand. Wenn seine Schreibweise den Schreibenden charakterisiert, kommt es für ihn darauf an, das Geschriebene immer perfekter und individueller zu formen und die Grenzen seiner Sprache zu erweitern.

Eine ungewöhnlich hohe Schreibkultur erwuchs daraus. Während man damals die hochgesteigerten Emotionen unmittelbar und mit präzisem Stilvermögen zu erfassen suchte, vertrauen wir heutzutage unsere Gefühlsgedanken dem *gesprochenen* Wort an. Dieses verhallt, denn mit dem Augenblick, da der Telefonhörer aufgelegt wird, beginnt schon die Umdeutung des Gehörten und die Vergeßlichkeit des Gedächtnisses. Kein Vernünftiger wird auf die Vorteile der geschäftig-geschäftlichen Kommunikation verzichten wollen, doch sind diese mit der Verkümmerung unserer Schreibfähigkeit teuer erkauft.

Selbst das Freieste des freien Menschen, seine Liebe und Freundschaft, sind der Zeit verhaftet. Und doch gibt es Konstanten: So nimmt der Freund schon für Aristoteles wie für die Stoiker die kräftigende, fördernde Mitte ein zwischen der Einsamkeit und der Gesellschaft, und Montaigne bezeichnet den Freund als das »andere Ich«, das Alter ego, das höher als der Liebende zu achten ist, da Freunde einander vertrauen und gegenseitig schätzen, ohne den andern oder vom andern etwas zu begehren. In der Frühaufklärung verflacht die Freundschaft bei den Theoretikern zur bloßen zwischenmenschlichen Beziehung mit einer irrationalen Neigung, die aber der Pflicht zum sozialen Verhalten zu genügen hat. Wenig später dann subjektiviert und ästhetisiert sich die Freundschaft als Seelenverwandtschaft, doch ist der Herzensfreund immer auch als

Menschenfreund tätig, während die Empfindsamkeit die Vervollkommnung des Innern durch das musterhafte Beispiel des Freundes erträumt. Nicht allein der Freund, auch das Leben wird idealisiert als Raum der zukünftigen Bewährung – wie von Orest und Pylades (in der »Iphigenie«, Vers 678 f.): »Und künftge Taten drangen wie die Sterne / Rings um uns her unzählig aus der Nacht.«

Goethes dichterisches Werk kennt unzertrennliche, aber auch falsche Freunde und zerbrochene Beziehungen wie bei Götz und Weislingen, die einander in der Jugend nahestanden. Das Freundschaftsbedürfnis des jungen Goethe war groß; seine Verbindung zu Knebel, dem »Urfreund«, hielt lebenslang. Brüche traten auf, da der momentane Überschwang mehr versprach, als auf Dauer eingehalten werden konnte, und da weltanschauliche Gegensätze die nötige Duldsamkeit überforderten. Wir verklären Goethe nicht, wenn wir ihn als Freund rühmen, unerreicht in seiner Toleranz, die andere gewähren ließ, die allerdings auch auf deren Verständnis für seine Individualität bestand. So wurde der »Bund« mit Schiller für beide unvergleichlich fruchtbar – trotz der tiefen Wesensdifferenz zwischen dem spekulativen Geschichtsdenker und dem intuitiven »Naturschauer«. Niemand begriff Goethe genauer, als Schiller es tat; niemand deutete die entstehenden »Lehrjahre« so einsichtsvoll, niemand förderte den Abschluß des ersten »Faust«-Teils mit vergleichbarer Energie. Diese zehnjährige Freundschaft, die Schillers Tod beendete, war trotz Gefährdungen und Krisen die fruchtbarste, die die Geschichte der Dichtung kennt, und eine sittliche Leistung obendrein, da sie die Eigenart des andern wahrnahm und doch gelten ließ.

Auch die Altersfreundschaft mit Zelter war ausnahmehaft. Der tüchtige Handwerksmeister und spätere Musiker war, vom Leben oft geprüft, vom Tode Nahestehender heimgesucht, ganz nach Goethes Sinn. In seinen Briefen nach Weimar wuchs er, von der Freundschaft inspiriert, über sich hinaus.

Mitteninne sei abgebrochen und rasch die Summe gezogen: Freundschaften vertiefen das Leben in der Goethezeit wie in unseren Tagen – als Teil der die Menschen verbindenden seelischen Kultur. Im anerkennenden Du des Freundes erkennt sich das Ich, das Bejahung und Treue einbringt, aber auf Schonung angewiesen ist. Goethe wußte, daß wir von Widersachern besonders viel lernen können, und forderte sich die einzig »wahre Liberalität« ab, die in der »Anerkennung« des andern besteht. Das Brief-Wort des Einundachtzigjährigen (an Boisserée, 22.3.1831) könnte uns leiten: »In der Freundschaft wenigstens wollen wir uns nicht übertreffen lassen.«

Die Menschen werden durch Gesinnungen vereinigt, durch Meinungen getrennt. Jene sind ein Einfaches, in dem wir uns zusammenfinden, diese ein Mannigfaltiges, in das wir uns zerstreuen. Die Freundschaften der Jugend gründen sich aufs erste, an den Spaltungen des Alters haben die letztern schuld. Würde man dieses früher gewahr, verschaffte man sich bald, indem man seine eigne Denkweise ausbildet, eine liberale Ansicht der übrigen, ja der entgegengesetzten, so würde man viel verträglicher sein, und würde durch Gesinnung das wieder zu sammeln suchen, was die Meinung zersplittert hat.

An Friedrich Heinrich Jacobi, 6. Januar 1813.
Hamburger Ausgabe, Briefe 3, 220.

Freunde offenbaren einander gerade das am deutlichsten, was sie einander verschweigen.

Wilhelm Meisters Wanderjahre, 3. Buch, 13. Kapitel: Wilhelm.
Hamburger Ausgabe 8, 414.

Gegen große Vorzüge eines andern gibt es kein Rettungsmittel als die Liebe.

Die Wahlverwandtschaften. 2. Teil, 6. Kapitel. Aus Ottilies Tagebuch.
Hamburger Ausgabe 6, 398.

Denn was man durch einen gleichgesinnten Freund erfährt, ist nahezu, als wenn man es selbst erfahren hätte.

An Wilhelm von Humboldt, 26. Mai 1799.
Hamburger Ausgabe, Briefe 2, 376.

Eine angenehme Aussicht bietet sich mir dar, daß ich mit Schiller in ein angenehmes Verhältnis komme und hoffen kann, in manchen Fächern mit ihm gemeinschaftlich zu arbeiten, zu einer Zeit, wo die leidige Politik und der unselige körperlose Parteigeist alle freundschaftlichen Verhältnisse aufzuheben und alle wissenschaftlichen Verbindungen zu zerstören droht.

An Fritz von Stein, 28. August 1794.
Hamburger Ausgabe, Briefe 2, 183.

Jeder Mensch in seiner Beschränktheit muß sich nach und nach eine Methode bilden, um nur zu leben. Er lernt sich allmählich kennen, auch die Zustände der Außenwelt, er fügt sich darein, setzt sich aber wieder auf sich selbst zurück und formt sich zuletzt Maximen des Betragens, womit er auch ganz gut durchkommt, sich andern mitteilt, von andern empfängt und je nachdem er Widerspruch oder Einstimmung erfährt, sich entfernt oder anschließt, und so halten wir's mit uns selbst und mit unsern Freunden. Selten ist es aber, daß Personen gleichsam die Hälften von einander ausmachen, sich nicht abstoßen, sondern sich anschließen und einander ergänzen.

Autobiographische Einzelheiten: Ferneres in bezug auf mein Verhältnis zu Schiller.
Hamburger Ausgabe 10, 542 f.

In der Freundschaft wenigstens wollen wir uns nicht übertreffen lassen.

An Johann Sulpiz Boisserée, 22. März 1831.
Hamburger Ausgabe, Briefe 4, 424.

Freundschaft kann sich bloß praktisch erzeugen, praktisch Dauer gewinnen. Neigung, ja sogar Liebe hilft alles nichts zur Freundschaft. Die wahre, die tätige, produktive besteht darin, daß wir gleichen Schritt im Leben halten, daß er meine Zwecke billigt, ich die seinigen, und daß wir so unverrückt zusammen fortgehen, wie auch sonst die Differenz unserer Denk- und Lebensweise sein möge.

Maximen und Reflexionen.
Jubiläumsausgabe 38, 263 f.

Der Mensch besitzt noch manches, womit er seinen Freunden beistehen kann, das eben nicht klingende Münze zu sein braucht.

Wilhelm Meisters Lehrjahre, 4. Buch, 9. Kapitel: Wilhelm.
Hamburger Ausgabe 7, 233.

Ach, warum versäumt man so viele Augenblicke, Freunden wohlzutun?

An Friedrich Heinrich Jacobi, 3. März 1784.
Gedenkausgabe 18, 759.

Sie haben – daß ich Sie doch auch einmal ganz direkt lobe – unter so vielen liebenswürdigen Eigenschaften die besondere, daß Sie die kleinen, grillenhaften Wünsche Ihrer Freunde für etwas halten und, um sie zu befriedigen, sich eine gefällige Mühe geben mögen. Sie wissen vielleicht selbst nicht, daß diese Eigenschaft so selten ist. Man liebt seine Freunde, man schätzt sie, man mag ihnen gern einmal einen derben Dienst, auch mit einiger Aufopferung, erzeigen, aber einem flüchtigen Geschmacke, einem launigen Einfalle, irgend einer Grille genug zu tun sind wir, ich weiß nicht, zu bequem, zu nachlässig, zu trocken, zu falsch-vornehm und bedenken nicht, daß eben diese wunderlich scheinenden Gelüste, befriedigt, den angenehmsten Genuß geben.

An Marianne von Eybenberg, 4. April 1803.
Hamburger Ausgabe, Briefe 2, 448.

Einen treuen Freund gefunden haben, heißt einen ehrlichen Mann gefunden haben, und die gibt's, sage der Misanthrop, was er will.

An Ernst Wolfgang Behrisch, 2. November 1767.
Gedenkausgabe 18, 75.

Das Vertrauen, welches neue Freunde sich einander schenken, pflegt sich stufenweise zu entwickeln. Gemeinsame Beschäftigungen und Liebhabereien sind das erste, worin sich eine wechselseitige Übereinstimmung hervortut; sodann pflegt die Mitteilung sich über vergangene und gegenwärtige Leidenschaften, besonders über Liebesabenteuer zu erstrecken; es ist aber noch ein Tieferes, das sich aufschließt, wenn das Verhältnis sich vollenden will, es sind die religiösen Gesinnungen, die Angelegenheiten des Herzens, die auf das Unvergängliche Bezug haben und welche sowohl den Grund einer Freundschaft befestigen als ihren Gipfel zieren.

Dichtung und Wahrheit, 2. Teil, 8. Buch.
Hamburger Ausgabe 9, 334.

Wenn wir immer vorsichtig genug wären und uns mit Freunden nur von einer Seite verbänden, von der sie wirklich mit uns harmonieren, und ihr übriges Wesen weiter nicht in Anspruch nähmen, so würden die Freundschaften weit dauerhafter und ununterbrochner sein. Gewöhnlich aber ist es ein Jugendfehler, den wir selbst im Alter nicht ablegen, daß wir verlangen, der Freund solle gleichsam ein anderes Ich sein, solle mit uns nur ein Ganzes ausmachen, worüber wir uns denn eine Zeitlang täuschen, das aber nicht lange dauern kann.
Das sicherste Mittel, ein freundschaftliches Verhältnis zu heben und zu erhalten, finde ich darin, daß man sich wechselweise mitteile, was man tut. Denn die Menschen treffen viel mehr zusammen in dem, was sie tun, als in dem, was sie denken.

An Siegmund August Wolfgang Herder, Dezember 1798.
Hamburger Ausgabe, Briefe 2, 364f.

Allein bei Freunden läßt man frei sich gehn,
Man ruht in ihrer Liebe, man erlaubt
Sich eine Laune, ungezähmter wirkt
Die Leidenschaft, und so verletzen wir
Am ersten die, die wir am zartsten lieben.

Torquato Tasso, V. 1989–1993: Antonio.
Hamburger Ausgabe 5, 127.

Gar freundliche Gesellschaft leistet uns
Ein ferner Freund, wenn wir ihn glücklich wissen.

Torquato Tasso, V. 2449 f.: Leonore.
Hamburger Ausgabe 5, 139.

Nur wenige Tage sind alten geprüften Freunden hinreichend, um sich vollkommen wiederzuerkennen und sich auch einmal über den Bestand der menschlichen Dinge zu freuen. Mag doch die Gestalt der Welt vergehen, wenn befreundete Gesinnung sich gleich bleibt; wenn man zu beiden Seiten fortfährt, das gleiche zu lieben und das gleiche zu hassen; demselben Weg zu folgen, den entgegengesetzten zu meiden.

An Johann Sulpiz Boisserée, 31. Oktober 1818.
Hamburger Ausgabe, Briefe 3, 439.

Es ist unmöglich, daß ein alter Freund,
Der, lang' entfernt, ein fremdes Leben führte,
Im Augenblick, da er uns wiedersieht,
Sich wieder gleich wie ehmals finden soll.
Er ist in seinem Innern nicht verändert;
Laß uns mit ihm nur wenig Tage leben,
So stimmen sich die Saiten hin und wieder,
Bis glücklich eine schöne Harmonie
Aufs neue sie verbindet.

Torquato Tasso, V. 767–775: Prinzessin.
Hamburger Ausgabe 5, 94.

Alte Freunde muß man nicht wiedersehen, man versteht sich nicht mehr mit ihnen, jeder hat eine andere Sprache bekommen. Wem es Ernst um seine innere Kultur ist, hüte sich davor; denn der alsdann hervortretende Mißklang kann nur störend auf uns einwirken, und man trübt sich das reine Bild des früheren Verhältnisses.

Gespräch mit Kanzler Friedrich von Müller, Dezember 1824.
Gedenkausgabe 23, 370f.

Wenn zwischen entfernten Freunden sich erst ein Schweigen einschleicht, sodann ein Verstummen erfolgt und daraus ohne Grund und Not sich eine Mißstimmung erzeugt, so müssen wir darin leider eine Art von Unbehilflichkeit entdecken, die in wohlwollenden guten Charakteren sich hervortun kann und die wir, wie andere Fehler, zu überwinden und zu beseitigen mit Bewußtsein trachten sollten. Ich habe in meinem bewegten und gedrängten Leben mich einer solchen Versäumnis öfters schuldig gemacht [...]

An Thomas Johann Seebeck, 3. Januar 1832.
Hamburger Ausgabe, Briefe 4, 464.

Glauben Sie mir, daß ich in Erinnerung früherer Zeiten und Anhänglichkeit an alte Freunde Ihnen nicht nachstehe. So wenig man sich wieder Brüder und Schwestern schaffen kann, wenn Vater und Mutter tot sind, so wenig kann man sich Freunde erwerben, wie die sind, die ein früheres, völlig verschwundnes Jugendverhältnis uns verschaffte. Wir haben im Alter noch Überzeugung und Wahl, aber die süße Notwendigkeit der Jugend erscheint uns nicht wieder.

An Jean George d'Orville, 13. September 1799.
Weimarer Ausgabe IV 14, 175.

So wie die Pausen ebensogut zum musikalischen Rhythmus gehören als die Noten, ebenso mag es auch in freundschaftlichen Verhältnissen nicht undienlich sein, wenn man eine Zeitlang sich wechselseitig mitzuteilen unterläßt. Strebende Menschen, von welchem Alter sie auch seien, können nicht immer parallel nebeneinander gehen; will man sich nun gar beständig bei der Hand halten, so entsteht daraus ein Hin- und Widerzerren, beiden Teilen unbequem und retardierend, wo nicht schädlich.

An Achim von Arnim, 23. Februar 1814.
Hamburger Ausgabe, Briefe 3, 262 f.

Man mag nicht m i t jedem leben, und so kann man auch nicht f ü r jeden leben; wer das recht einsieht, wird seine Freunde höchlich zu schätzen wissen, seine Feinde nicht hassen noch verfolgen; vielmehr erlangt der Mensch nicht leicht einen größeren Vorteil, als wenn er die Vorzüge seiner Widersacher gewahr werden kann: dies gibt ihm ein entschiedenes Übergewicht über sie.

Maximen und Reflexionen.
Hamburger Ausgabe 12, 389.

Es ist besser, man betrügt sich an seinen Freunden, als daß man seine Freunde betrüge.

Maximen und Reflexionen.
Hamburger Ausgabe 12, 522.

»Es ist nicht gut, daß der Mensch alleine sei«, sagte Goethe, »und besonders nicht, daß er alleine arbeite; vielmehr bedarf er der Teilnahme und Anregung, wenn etwas gelingen soll.«

Gespräch mit Johann Peter Eckermann, 7. März 1830.
Gedenkausgabe 24, 400f.

Wer nichts für andere tut, tut nichts für sich.

Clavigo, 4. Akt, Clavigos Wohnung: Carlos.
Hamburger Ausgabe 4, 290.

Seht, liebe Kinder, was wäre ich denn, wenn ich nicht immer mit klugen Leuten umgegangen wäre und von ihnen gelernt hätte? Nichts aus Büchern, sondern durch lebendigen Ideentausch, durch heitere Geselligkeit müßt ihr lernen.

Gespräch mit Julie Gräfin von Egloffstein, 6. März 1818.
Gedenkausgabe 23, 25.

Man weiß eigentlich das, was man weiß, nur für sich selbst. Spreche ich mit einem andern von dem, was ich zu wissen glaube, unmittelbar glaubt er's besser zu wissen, und ich muß mit meinem Wissen immer wieder in mich selbst zurückkehren.

Wilhelm Meisters Wanderjahre, 2. Buch: Betrachtungen im Sinne der Wanderer.
Hamburger Ausgabe 8, 306.

Der Mensch, so sagen wir, lerne sich ohne dauernden äußeren Bezug zu denken, er suche das Folgerechte nicht an den Umständen, sondern in sich selbst, dort wird er's finden, mit Liebe hegen und pflegen. Er wird sich ausbilden und einrichten, daß er überall zu Hause sei. Wer sich dem Notwendigsten widmet, geht überall am sichersten zum Ziel; andere hingegen, das Höhere, Zartere suchend, haben schon in der Wahl des Weges vorsichtiger zu sein. Doch was der Mensch auch ergreife und handhabe, der einzelne ist sich nicht hinreichend, Gesellschaft bleibt eines wackern Mannes höchstes Bedürfnis. Alle brauchbaren Menschen sollen in Bezug untereinander stehen, wie sich der Bauherr nach dem Architekten und dieser nach Maurer und Zimmermann umsieht.

Wilhelm Meisters Wanderjahre, 3. Buch, 9. Kapitel: Lenardo.
Hamburger Ausgabe 8, 391.

Sich mitzuteilen ist Natur; Mitgeteiltes aufzunehmen, wie es gegeben wird, ist Bildung.

Die Wahlverwandtschaften, 2. Teil, 4. Kapitel: Aus Ottilies Tagebuch.
Hamburger Ausgabe 6, 384.

Was ich recht weiß, weiß ich nur mir selbst; ein ausgesprochenes Wort fördert selten, es erregt meistens Widerspruch, Stokken und Stillstehen.

Wilhelm Meisters Wanderjahre, 3. Buch: Aus Makariens Archiv.
Hamburger Ausgabe 8, 476.

Der Mensch ist ein wahrer Narziß; er bespiegelt sich überall gern selbst, er legt sich als Folie der ganzen Welt unter.

Die Wahlverwandtschaften, 1. Teil, 4. Kapitel: Eduard.
Hamburger Ausgabe 6, 270.

Der Mensch kennt nur sich selbst, insofern er die Welt kennt, die er nur in sich und sich nur in ihr gewahr wird. Jeder neue Gegenstand, wohl beschaut, schließt ein neues Organ in uns auf.
Am allerfördersamsten aber sind unsere Nebenmenschen, welche den Vorteil haben, uns mit der Welt aus ihrem Standpunkt zu vergleichen und daher nähere Kenntnis von uns zu erlangen, als wir selbst gewinnen mögen.
Ich habe daher in reiferen Jahren große Aufmerksamkeit gehegt, inwiefern andere mich wohl erkennen möchten, damit ich in und an ihnen, wie an so viel Spiegeln, über mich selbst und über mein Inneres deutlicher werden könnte.

Bedeutende Fördernis durch ein einziges geistreiches Wort.
Hamburger Ausgabe 13, 38.

Die Existenzen fremder Menschen sind die besten Spiegel, worin wir die unsrige erkennen können.

An Charlotte von Stein, 9. September 1783.
Gedenkausgabe 18, 743.

Sie klagen über Einsamkeit! Ach, daß das Schicksal der edelsten Seelen ist, nach einem Spiegel ihres selbst vergebens zu seufzen.

An Sophie von La Roche, 20. November 1772.
Gedenkausgabe 18, 181 f.

ALFONS. [...]
Ein edler Mensch kann einem engen Kreise
Nicht seine Bildung danken. Vaterland
Und Welt muß auf ihn wirken. Ruhm und Tadel
Muß er ertragen lernen. Sich und andre
Wird er gezwungen recht zu kennen. Ihn
Wiegt nicht die Einsamkeit mehr schmeichelnd ein.
Es will der Feind – es darf der Freund nicht schonen;
Dann übt der Jüngling streitend seine Kräfte,
Fühlt, was er ist, und fühlt sich bald ein Mann.
LEONORE. So wirst du, Herr, für ihn noch alles tun,
Wie du bisher für ihn schon viel getan.
Es bildet ein Talent sich in der Stille,
Sich ein Charakter in dem Strom der Welt.
O daß er sein Gemüt wie seine Kunst
An deinen Lehren bilde! daß er nicht
Die Menschen länger meide, daß sein Argwohn
Sich nicht zuletzt in Furcht und Haß verwandle!
ALFONS. Die Menschen fürchtet nur, wer sie nicht kennt,
Und wer sie meidet, wird sie bald verkennen.
Das ist sein Fall, und so wird nach und nach
Ein frei Gemüt verworren und gefesselt.

Torquato Tasso, V. 293–313.
Hamburger Ausgabe 5, 81.

Was ein anderer denkt, wie kann mich das kümmern? Ich kann doch nicht wie er denken, weil ich ich und nicht er bin.

Gespräch mit Kanzler Friedrich von Müller, 1. Mai 1826.
Gedenkausgabe 23, 429.

Nur alle Menschen machen die Menschheit aus, nur alle Kräfte zusammengenommen die Welt. Diese sind unter sich oft im Widerstreit, und indem sie sich zu zerstören suchen, hält sie die Natur zusammen und bringt sie wieder hervor. [...]
Jede Anlage ist wichtig, und sie muß entwickelt werden. Wenn einer nur das Schöne, der andere nur das Nützliche befördert, so machen beide zusammen erst einen Menschen aus. Das Nützliche befördert sich selbst, denn die Menge bringt es hervor, und alle können's nicht entbehren; das Schöne muß befördert werden, denn wenige stellen's dar und viele bedürfen's.

Wilhelm Meisters Lehrjahre, 8. Buch, 5. Kapitel: Jarno.
Hamburger Ausgabe 7, 552.

Ich habe niemals so lebhaft erfahren, was das sei, vergnügt, ohne daß das Herz einigen Anteil hat, als ietzo, als hier in Straßburg. Eine ausgebreitete Bekanntschaft unter angenehmen Leuten, eine aufgeweckte muntre Gesellschaft, jagt mir einen Tag nach dem andern vorüber, läßt mir wenig Zeit zu denken und gar keine Ruhe zum Empfinden, und wenn man nichts empfindet, denkt man gewiß nicht an seine Freunde. Genug, mein jetziges Leben ist vollkommen wie eine Schlittenfahrt, prächtig und klingelnd, aber ebenso wenig fürs Herz, als es für Augen und Ohren viel ist.

An Anna Catharina Fabricius (?), 14. Oktober 1770.
Hamburger Ausgabe, Briefe 1, 116f.

Die angenehmste Gegend, Leute, die mich lieben, ein Zirkel von Freuden! Sind nicht die Träume deiner Kindheit alle erfüllt? frag ich mich manchmal, wenn sich mein Aug in diesem Horizont von Glückseligkeiten herumweidet; sind das nicht die Feengärten, nach denen du dich sehntest? – Sie sind's, sie sind's!

An Johann Daniel Salzmann, Juni 1771 (?).
Weimarer Ausgabe IV, 1, 259.

Wenn ein paar Menschen recht miteinander zufrieden sind, kann man meistens versichert sein, daß sie sich irren.

Maximen und Reflexionen.
Hamburger Ausgabe 12, 522.

Mit wahrhaft Gleichgesinnten kann man sich auf die Länge nicht entzweien, man findet sich immer wieder einmal zusammen; mit eigentlich Widergesinnten versucht man umsonst Einigkeit zu halten, es bricht immer wieder einmal auseinander.

Maximen und Reflexionen.
Hamburger Ausgabe 12, 522.

Viel Glück zum neuen Jahre. Lassen Sie uns dieses zubringen, wie wir das vorige geendigt haben, mit wechselseitiger Teilnahme an dem, was wir lieben und treiben. Wenn sich die Gleichgesinnten nicht anfassen, was soll aus der Gesellschaft und der Geselligkeit werden. Ich freue mich in der Hoffnung, daß Einwirkung und Vertrauen sich zwischen uns immer vermehren werden.

An Friedrich Schiller, 3. Januar 1795.
Weimarer Ausgabe IV, 10, 226.

Reiner Genuß und wahrer Nutzen kann nur wechselseitig sein, und ich freue mich, Ihnen gelegentlich zu entwickeln: was mir Ihre Unterhaltung gewährt hat, wie ich von jenen Tagen an auch eine Epoche rechne und wie zufrieden ich bin, ohne sonderliche Aufmunterung, auf meinem Wege fortgegangen zu sein, da es nun scheint, als wenn wir, nach einem so unvermuteten Begegnen, miteinander fortwandern müßten.

An Friedrich Schiller, 27. August 1794.
Weimarer Ausgabe IV, 10, 184.

Am meisten betrübt mich bei der gegenwärtigen Lage der Sache, daß, indem ich länger Ihres Umgangs entbehre, Sie auch nun länger für sich bleiben und einer freundschaftlichen Teilnahme ermangeln. Es geht uns der ganze Gewinn des Lebens verloren, wenn wir uns nicht mitteilen können, und eben in den zartesten Sachen, an denen man so selten Teilnehmer findet, wünscht man sie am lebhaftesten.

An Johann Heinrich Meyer, 20. Juni 1796.
Weimarer Ausgabe IV, 11, 100.

Ich habe allerlei Bekanntschaft gemacht, Gesellschaft habe ich noch keine gefunden. Ich weiß nicht, was ich Anzügliches für die Menschen haben muß; es mögen mich ihrer so viele und hängen sich an mich, und da tut mir's weh, wenn unser Weg nur eine kleine Strecke miteinander geht. Wenn du fragst, wie die Leute hier sind, muß ich dir sagen: wie überall! Es ist ein einförmiges Ding um das Menschengeschlecht. Die meisten verarbeiten den größten Teil der Zeit, um zu leben, und das bißchen, das ihnen von Freiheit übrig bleibt, ängstigt sie so, daß sie alle Mittel aufsuchen, um es loszuwerden. O Bestimmung des Menschen! Aber eine recht gute Art Volks! Wenn ich mich manchmal vergesse, manchmal mit ihnen die Freuden genieße, die den Menschen noch gewährt sind, an einem artig besetzten Tisch mit aller Offen- und Treuherzigkeit sich herumzuspaßen, eine Spazierfahrt, einen Tanz zur rechten Zeit anzuordnen und dergleichen, das tut eine ganz gute Wirkung auf mich; nur muß mir nicht einfallen, daß noch so viele andere Kräfte in mir ruhen, die alle ungenutzt vermodern und die ich sorgfältig verbergen muß. Ach, das engt das ganze Herz so ein. – Und doch! mißverstanden zu werden, ist das Schicksal von unsereinem.

Die Leiden des jungen Werther, 1. Buch: Brief vom 17. Mai.
Hamburger Ausgabe 6, 11 f.

Es geht uns mit Büchern wie mit neuen Bekanntschaften. Die erste Zeit sind wir hoch vergnügt, wenn wir im Allgemeinen Übereinstimmung finden, wenn wir uns an irgendeiner Hauptseite unserer Existenz freundlich berührt fühlen; bei näherer Bekanntschaft treten alsdann erst die Differenzen hervor, und da ist denn die Hauptsache eines vernünftigen Betragens, daß man nicht, wie etwa in der Jugend geschieht, sogleich zurückschaudere, sondern daß man gerade das Übereinstimmende recht festhalte und sich über die Differenzen vollkommen aufkläre, ohne sich deshalb vereinigen zu wollen.

Maximen und Reflexionen.
Hamburger Ausgabe 12, 403.

Gesellschaft

Aus einer großen Gesellschaft heraus
Ging einst ein stiller Gelehrter zu Haus.
Man fragte: Wie seid Ihr zufrieden gewesen?
»Wären's Bücher«, sagt' er, »ich würd sie nicht lesen.«

Epigrammatisch.
Gedenkausgabe 1, 454.

Mit den Menschen geht mir es schon besser, man muß sie nur mit dem Krämergewicht, keineswegs mit der Goldwaage wiegen, wie es leider sogar oft Freunde untereinander aus hypochondrischer Grille und seltsamer Anforderung zu tun pflegen.

Italienische Reise: Neapel, 17. März 1787.
Hamburger Ausgabe 11, 210f.

Der Mensch ist dem Menschen das Interessanteste und sollte ihn vielleicht ganz allein interessieren. Alles andere, was uns umgibt, ist entweder nur Element, in dem wir leben, oder Werkzeug, dessen wir uns bedienen. Je mehr wir uns dabei aufhalten, je mehr wir darauf merken und teil daran nehmen, desto schwächer wird das Gefühl unsers eignen Wertes und das Gefühl der Gesellschaft. Die Menschen, die einen großen Wert auf Gärten, Gebäude, Kleider, Schmuck oder irgendein Besitztum legen, sind weniger gesellig und gefällig; sie verlieren die Menschen aus den Augen, welche zu erfreuen und zu versammeln nur sehr wenigen glückt.

Wilhelm Meisters Lehrjahre, 2. Buch, 4. Kapitel: Wilhelm.
Hamburger Ausgabe 7, 101 f.

Sobald man in Gesellschaft, nimmt man vom Herzen den Schlüssel ab und steckt ihn in die Tasche; die, welche ihn stecken lassen, sind Dummköpfe ...

Gespräch mit Johann Kaspar Lavater, 26. Juni 1774.
Gedenkausgabe 22, 48.

Wir haben daraus zu lernen, daß wir zwar nicht übereilt, doch baldmöglichst aus Verhältnissen treten sollen, die einen Mißklang in unser Leben bringen, oder daß wir uns ein für allemal entschließen müssen, denselben zu dulden und aus anderm Betracht mit Weisheit zu übertragen.

Tag- und Jahreshefte, 1820.
Hamburger Ausgabe 10, 526.

Wanderers Gemütsruhe

Übers Niederträchtige
Niemand sich beklage;
Denn es ist das Mächtige,
Was man dir auch sage.

In dem Schlechten waltet es
Sich zu Hochgewinne,
Und mit Rechtem schaltet es
Ganz nach seinem Sinne.

Wandrer! – Gegen solche Not
Wolltest du dich sträuben?
Wirbelwind und trocknen Kot,
Laß sie drehn und stäuben.

Westöstlicher Divan: Buch des Unmuts.
Hamburger Ausgabe 2, 47 f.

Kaum hatte die Schlange dieses ehrwürdige Bildnis angeblickt, als der König zu reden anfing und fragte: »Wo kommst du her?« – »Aus den Klüften,« versetzte die Schlange, »in denen das Gold wohnt.« – »Was ist herrlicher als Gold?« fragte der König. »Das Licht,« antwortete die Schlange. »Was ist erquicklicher als Licht?« fragte jener. »Das Gespräch,« antwortete diese.

Unterhaltungen deutscher Ausgewanderten: Das Märchen.
Hamburger Ausgabe 6, 215.

Niemand würde viel in Gesellschaft sprechen, wenn er sich bewußt wäre, wie oft er die andern mißversteht.

Die Wahlverwandtschaften, 2. Teil, 4. Kapitel: Aus Ottilies Tagebuch. Hamburger Ausgabe 6, 384.

Wenn Goethe mit seinem Freund, dem Schweizer Heinrich Meyer, spazierenfuhr, soll sich ihr Gedankenaustausch folgendermaßen abgespielt haben. Goethe sagte von Zeit zu Zeit: »Hm, hm.« Worauf Meyer erwiderte: »So ischt's!«

Nach Ferdinand Hiller, um 1823. Goethe in der Anekdote, 166.

Ich bin ohnehin viel zu kommunikativ; ich will es mir abgewöhnen.

Gespräch mit Kanzler Friedrich von Müller, 13. Juni 1824. Gedenkausgabe 23, 350.

Die angenehmsten Gesellschaften sind die, in welchen eine heitere Ehrerbietung der Glieder gegeneinander obwaltet.

Die Wahlverwandtschaften, 2. Teil, 4. Kapitel: Aus Ottilies Tagebuch. Hamburger Ausgabe 6, 384.

Haben wir jetzt nicht alle nötiger, eben jene gesellige Schonung auszuüben, die oft mehr wirkt als eine wohlmeinende, aber rohe Hilfe [...]?

Unterhaltungen deutscher Ausgewanderten: die Baronesse.
Hamburger Ausgabe 6, 138.

Ich kann die Gesinnungen nicht ändern, die bei einem jeden nach seiner Denkweise entstehen, sich befestigen, streben und wirken, und es wäre ebenso töricht als grausam zu verlangen, daß er sie nicht mitteilen sollte. Aber das kann ich von dem Zirkel erwarten, in dem ich lebe, daß Gleichgesinnte sich im stillen zueinander fügen und sich angenehm unterhalten, indem der eine dasjenige sagt, was der andere schon denkt. Auf euren Zimmern, auf Spaziergängen und wo sich Übereindenkende treffen, eröffne man seinen Busen nach Lust, man lehne sich auf diese oder jene Meinung, ja man genieße recht lebhaft die Freude einer leidenschaftlichen Überzeugung. Aber, Kinder, in Gesellschaft laßt uns nicht vergessen, wieviel wir sonst schon, ehe all diese Sachen zur Sprache kamen, um gesellig zu sein, von unsern Eigenheiten aufopfern mußten, und daß jeder, solange die Welt stehen wird, um gesellig zu sein, wenigstens äußerlich sich wird beherrschen müssen.

Unterhaltungen deutscher Ausgewanderten: die Baronesse.
Hamburger Ausgabe 6, 137.

In der Gesellschaft sind alle gleich. Es kann keine Gesellschaft anders als auf den Begriff der Gleichheit gegründet sein, keineswegs aber auf den Begriff der Freiheit. Die Gleichheit will ich in der Gesellschaft finden; die Freiheit, nämlich die sittliche, daß ich mich subordinieren mag, bringe ich mit.

»subordinieren« – sich unter-, sich einordnen

Maximen und Reflexionen.
Hamburger Ausgabe 12, 380f.

Es gibt kein äußeres Zeichen der Höflichkeit, das nicht einen tiefen sittlichen Grund hätte. Die rechte Erziehung wäre, welche dieses Zeichen und den Grund zugleich überlieferte.

Das Betragen ist ein Spiegel, in welchem jeder sein Bild zeigt.

Es gibt eine Höflichkeit des Herzens; sie ist der Liebe verwandt. Aus ihr entspringt die bequemste Höflichkeit des äußern Betragens.

Die Wahlverwandtschaften, 2. Teil, 5. Kapitel: Aus Ottilies Tagebuch.
Hamburger Ausgabe 6, 397.

Mit Vergnügen werde ich öfters Beiträge zur Allgemeinen Zeitung schicken. Erhalten Sie darin wenigstens nur einen Schein von Unparteilichkeit. Man erwartet von einem solchen Tagesblatt die neusten Nachrichten und, wie das Ihrige eingerichtet ist, allgemeine Übersichten; wie kann man aber dazu ein Vertrauen fassen, wenn ein grenzenloser, einseitiger Hang die Verfasser verdächtig macht. Habe doch jeder seine Meinung, neige sich doch jeder zu irgendeiner Partei, allein wer zu vielen sprechen will, muß sich zu mäßigen wissen, wie man es in jeder guten Gesellschaft tut.

An den Verleger Johann Friedrich Cotta, 17. Oktober 1798.
Gedenkausgabe 19, 354 f.

Wer vor andern lange allein spricht, ohne den Zuhörern zu schmeicheln, erregt Widerwillen.

Die Wahlverwandtschaften, 2. Teil, 4. Kapitel: Aus Ottilies Tagebuch.
Hamburger Ausgabe 6, 384.

Wenn ich die Meinung eines andern anhören soll, so muß sie positiv ausgesprochen werden; Problematisches hab' ich in mir selbst genug.

Wilhelm Meisters Wanderjahre, 2. Buch: Betrachtungen im Sinne der Wanderer.
Hamburger Ausgabe 8, 292.

Ich finde es beinahe natürlich, daß wir an Besuchenden mancherlei auszusetzen haben, daß wir sogleich, wenn sie weg sind, über sie nicht zum liebevollsten urteilen; denn wir haben sozusagen ein Recht, sie nach unserm Maßstabe zu messen. Selbst verständige und billige Menschen enthalten sich in solchen Fällen kaum einer scharfen Zensur.

Wenn man dagegen bei andern gewesen ist und hat sie mit ihren Umgebungen, Gewohnheiten, in ihren notwendigen, unausweichlichen Zuständen gesehen, wie sie um sich wirken oder wie sie sich fügen, so gehört schon Unverstand und böser Wille dazu, um das lächerlich zu finden, was uns in mehr als einem Sinne ehrwürdig scheinen müßte.

Die Wahlverwandtschaften, 2. Teil, 5. Kapitel: Aus Ottilies Tagebuch. Hamburger Ausgabe 6, 396.

Durch nichts bezeichnen die Menschen mehr ihren Charakter als durch das, was sie lächerlich finden.

Die Wahlverwandtschaften, 2. Teil, 4. Kapitel: Aus Ottilies Tagebuch. Hamburger Ausgabe 6, 384.

III

»Und keine Zeit und keine Macht zerstückelt
Geprägte Form, die lebend sich entwickelt«

Von der Freude und der Last, Ich zu sein

Wer bin ich? Jeder meint sich selbst zu kennen und verkennt doch die Masken, hinter denen sich viele Gesichter verbergen. Eine angenehme Illusion leitet selbst noch die Ansicht älterer Menschen, dieser und jener zu sein und mancher andere obendrein. Wir alle sind immer unterwegs; das erstrebte Ziel – das stabile Ich – entfernt sich wie der Horizont in dem Maße, wie wir ihm näherzukommen scheinen.

Mit der italienischen Renaissance beginnt die Entdeckung des neuzeitlichen Individuums, mit der geistigen Revolution um 1770 wird in Deutschland das Problem der Individuation virulent. Was macht einen Menschen zu einem Individuum? Worin besteht das Charakteristische der Person und die Wirkung der Persönlichkeit? Und gilt die Formel, wonach der Charakter das Geschick des einzelnen, den Gang seines Lebens, festlegt? Fragen über Fragen. Das 18. Jahrhundert gab die fälligen Antworten, die nicht nur für seine Zeit Geltung beanspruchen dürfen. »Geprägte Form, die lebend sich entwickelt« – dieser Vers definiert den durch alle erfahrungsbedingten Wandlungen hindurch sich gleichbleibenden seelischen Kern, von Aristoteles Entelechie genannt, beheimatet im Körperlichen und doch von überzeitlicher Dauer.

Die Mühe des Lebens gehört für die Generation nach 1770 nicht nur dem Brotberuf, sondern neben der Selbstfindung und Selbstbehauptung der Selbstbildung. Da das Individuum eine bis dahin ungekannte Aufwertung erfährt, nimmt sich die Literatur dieses Themas an und führt es weiter. Mit Wielands »Agathon«, vor allem aber mit Goethes »Lehrjahren« entsteht der Entwicklungs- und Bildungsroman – jene literarische Gattung, in deren Zentrum ein jugendliches Individuum steht, das eher beispielhaft als musterhaft sein Leben beginnt und es bis in die frühen Mannesjahre durchläuft. Der Charakter entfaltet sich nicht in der Abgeschiedenheit, sondern im »Strom der Welt« – in der Konturierung der eigenen Konstante und im Widerstand gegen das ihm Ungemäße. Alles arbeitet an der Individualisierung mit, Inneres und Äußeres, damit sein »Kern« sich immer reiner äußert. Die »geprägte Form« wahrt ihr Geheimnis, das Unerklärbare des »Unaussprechlichen«, von Goethe daher »ineffabile« genannt.

Goethes Bedeutung für unsere Zeit hat viele Gründe. Mich beeindruckt stets, daß er immer individuelle Ansichten gleichberechtigt gelten läßt, die Mehrdeutigkeit des Wahren einkalkuliert und den jedem Vorzug immanenten Nachteil wahrnimmt. Der schöne Traum von der unbeschränkten Selbstbestimmung des Einzelwesens konnte nach 1770 der Erfahrung nicht lange standhalten. Man mußte einsehen, daß das ganz Individuelle des Subjekts dieses hindert, die ganz individuelle Eigenart des andern wahrzunehmen. Jeder Blick in die Welt lehrte zudem, daß der Natur zwar an der Gattung, aber wenig am Einzelwesen gelegen ist. Im Blick auf sein eigenes Leben formulierte Goethe schon am Anfang seiner Autobiographie die Wichtigkeit der »Zeitverhältnisse«, die äußeren Konditionen, ja die Determinanten im Lebensvollzug: »Ein jeder, nur zehn Jahre früher oder später geboren, dürfte, was seine eigene Bildung und die Wirkung nach außen betrifft, ein ganz anderer geworden sein ...«

Eine andere Erfahrung kam hinzu: Für die Griechen war das Schicksal eine zwar dunkle, doch transzendente Kraft, deren Wirkung wir gewahren, ohne rational auf die Ursache schließen zu können. Das Christentum sprach vom unerforschlichen, doch gütigen Willen des lenkenden Vatergotts. Diese transzendente Notwendigkeit deutet das 18. Jahrhundert um: Das Schicksal ist nicht länger *über* dem Menschen angesiedelt, sondern *in* ihm angelegt. Die Aufklärungsepoche, die dem Menschen seine Autonomie zuerkennt, die seither zum Prädikat der Moderne gehört, verabschiedet also das transzendente und huldigt dem immanenten Schicksal: Schicksal und Charakter werden in eins gesetzt. Der Mensch sagt sich los von transzendenten Fügungen und, mehr noch, von dessen Nötigungen; er gewinnt an Freiheitsempfinden und verliert seine Geborgenheit.

Dieser sich unabhängig dünkende Mensch übernimmt damit aber Konsequenzen, denen er im konkreten Leben – angesichts der Zufälle, der unverschuldeten Leiden und der ungewollten Verschuldungen – öfter ausgeliefert als gewachsen ist.

Seinem Geniusglauben und Schicksalsvertrauen ergeben, durchläuft der frühe Goethe viele Wandlungen; der alte Herr erlaubt sich eine scheue, selten ausgesprochene Lebensfrömmigkeit und überläßt sich dem »oberen Leitenden« – seinem Urvertrauen in die »ewige Liebe«, in die der Mensch am Ende seiner Tage eingehe. Die Versöhntheit, welche die durchlittenen Gegensätze von Goethes gedichteter Welt überwölbt, lebt aus der Hoffnung, die höher ist als die stolze Vernunft, der das Mitgefühl mit den Leidenden und den Opfern der Geschichte fehlt.

Die Grundfragen, die uns – jenseits der Alltagsnöte – heutzutage bedrängen, beschäftigten auch die Menschen früherer Epochen. Das prekäre Verhältnis von individueller Freiheit und allgemeiner Bedingtheit ist, wie das Leben, in dem sich Notwendigkeit und Zufall vermischen, nur in Widersprüchen zu fassen, in den Paradoxien für den Verstand, die in der Lebenspraxis mehrere Wahlmöglichkeiten erlauben. »Und das Gesetz nur kann uns Freiheit geben«: Nicht subjektive Willkür, sondern der gelebte normative Anspruch macht frei – in der Selbstbeherrschung, der Selbstüberwindung und, wenn nötig, in der Selbstlosigkeit, die Albert Einstein als eigentliche Leistung eines Menschen erachtete.

Die in der Folge wiedergegebenen Texte enthalten Goethes Antworten auf Fragen, die das Leben selber stellt. Die Aufklärungsepoche war pädagogisch ausgerichtet; Goethes Erziehung hingegen geschieht unmerklich, allein an den Fähigkeiten des einzelnen orientiert. Dem Irrtum gesteht er eine eigentümliche Förderung zu; nur geduldiges, folgerichtiges Wachsen kommt dem Ziel, dem vielseitig interessierten, um seine leib-seelische Ganzheit bemühten Menschen nahe. Dessen Selbsterziehung geschieht durch strenge Arbeit an den Gegenständen. Damit versuchte Goethe der Krankheit seiner Zeit entgegenzuwirken, der weltflüchtigen Hypochondrie, dem introvertierten Kramen im Abgrund des eigenen Innern. Goethe stellte als Erzieher weder Gebote noch Verbote auf, wohl aber setzte er den guten Willen voraus, dessen Verwirklichung nicht allein von unseren Kräften abhängt. Als Angehöriger der optimistischen Aufklärungszeit nahm er wie selbstverständlich an, daß die Stimme des Gewissens in jedem Menschen vernehmbar und die Übereinstimmung von Ich und sittlicher Weltordnung im Bewußtsein erreichbar sei.

In wenigen Maximen ist Goethes Credo konzentriert: Wollen wir Sinn und Wert des Daseins erfahren, müssen wir diesem Sinn und Wert leihen. Das Ethos des Menschen bewährt sich darin am meisten, daß wir lernen, »die Umstände zu beherrschen«, indem wir über uns selbst Herrschaft erlangen. Und schließlich: Keine Grübeleien, sondern allein die Resultate unseres Tuns geben Auskunft über uns.

Den Selbstcharakterisierungen Goethes läßt sich die unendliche Mühsal der Selbstbildung entnehmen – und seine Bescheidenheit, welche die Bedeutung der Überlieferung anerkennt und die Erfahrung ungezählter Vorgänger nutzt. Man sprach mit guten Gründen von Goethes *Leben* als einem Kunstwerk ganz eigener Art. Dies ist richtig, sofern man die schwer vergleichliche Anstrengung seiner Existenz, seine Einsamkeit im Alter, seine Resignation und mitunter seine Verzweiflung am geschichtlich-gesellschaftlichen Leben mitverrechnet.

Wie an dem Tag, der dich der Welt verliehen,
Die Sonne stand zum Gruße der Planeten,
Bist alsobald und fort und fort gediehen
Nach dem Gesetz, wonach du angetreten.
So mußt du sein, dir kannst du nicht entfliehen,
So sagten schon Sibyllen, so Propheten;
Und keine Zeit und keine Macht zerstückelt
Geprägte Form, die lebend sich entwickelt.

Urworte. Orphisch: Daimon.
Hamburger Ausgabe 1, 359.

Ein jeder, nur zehn Jahre früher oder später geboren, dürfte, was seine eigene Bildung und die Wirkung nach außen betrifft, ein ganz anderer geworden sein.

Dichtung und Wahrheit, Vorwort.
Hamburger Ausgabe 9, 9.

Wenn man sich nur halbwegs den Begriff von einem Menschen machen will, so muß man vor allen Dingen sein Zeitalter studieren [...]

An Karl Friedrich Zelter, 9. August 1828.
Hamburger Ausgabe, Briefe 4, 296.

Jeder Mensch findet sich von den frühesten Momenten seines Lebens an, erst unbewußt, dann halb, endlich ganz bewußt, immerfort bedingt, begrenzt in seiner Stellung; weil aber niemand Zweck und Ziel seines Daseins kennt, vielmehr das Geheimnis desselben von höchster Hand verborgen wird, so tastet er nur, greift zu, läßt fahren, steht stille, bewegt sich, zaudert und übereilt sich, und auf wie mancherlei Weise denn alle Irrtümer entstehen, die uns verwirren.

Wilhelm Meisters Wanderjahre, 3. Buch: Lenardos Tagebuch.
Hamburger Ausgabe 8, 426.

Das Gewebe dieser Welt ist aus Notwendigkeit und Zufall gebildet; die Vernunft des Menschen stellt sich zwischen beide und weiß sie zu beherrschen; sie behandelt das Notwendige als den Grund ihres Daseins; das Zufällige weiß sie zu lenken, zu leiten und zu nutzen, und nur, indem sie fest und unerschütterlich steht, verdient der Mensch, ein Gott der Erde genannt zu werden.

Wilhelm Meisters Lehrjahre, 1. Buch, 17. Kapitel.
Hamburger Ausgabe 7, 71.

Betrachten wir uns in jeder Lage des Lebens, so finden wir, daß wir äußerlich bedingt sind, vom ersten Atemzug bis zum letzten; daß uns aber jedoch die höchste Freiheit übriggeblieben ist, uns innerhalb unsrer selbst dergestalt auszubilden, daß wir uns mit der sittlichen Weltordnung in Einklang setzen und, was auch für Hindernisse sich hervortun, dadurch mit uns selbst zum Frieden gelangen können.

Dies ist bald gesagt und geschrieben, steht aber auch nur als Aufgabe vor uns, deren Auflösung wir unsre Tage durchaus zu widmen haben.

An Moritz Graf von Brühl, 23. Oktober 1828.
Hamburger Ausgabe, Briefe 4, 306.

Und dann sind wir alle nur frei unter gewissen Bedingungen, die wir erfüllen müssen.

Gespräch mit Johann Peter Eckermann, 18. Januar 1827.
Gedenkausgabe 24, 216.

Unser Leben ist, wie das Ganze, in dem wir enthalten sind, auf eine unbegreifliche Weise aus Freiheit und Notwendigkeit zusammengesetzt. Unser Wollen ist ein Vorausverkünden dessen, was wir unter allen Umständen tun werden. Diese Umstände aber ergreifen uns auf ihre eigne Weise.

Dichtung und Wahrheit, 3. Teil, 11. Buch.
Hamburger Ausgabe 9, 478.

Daß das Leben des Menschen nur ein Traum sei, ist manchem schon so vorgekommen, und auch mit mir zieht dieses Gefühl immer herum. Wenn ich die Einschränkung ansehe, in welcher die tätigen und forschenden Kräfte des Menschen eingesperrt sind; wenn ich sehe, wie alle Wirksamkeit dahinaus läuft, sich die Befriedigung von Bedürfnissen zu verschaffen, die wieder keinen Zweck haben, als unsere arme Existenz zu verlängern, und dann, daß alle Beruhigung über gewisse Punkte des Nachforschens nur eine träumende Resignation ist, da man sich die Wände, zwischen denen man gefangen sitzt, mit bunten Gestalten und lichten Aussichten bemalt – das alles, Wilhelm, macht mich stumm. Ich kehre in mich selbst zurück und finde eine Welt! Wieder mehr in Ahnung und dunkler Begier als in Darstellung und lebendiger Kraft. Und da schwimmt alles vor meinen Sinnen, und ich lächle dann so träumend weiter in die Welt.

Daß die Kinder nicht wissen, warum sie wollen, darin sind alle hochgelehrten Schul- und Hofmeister einig; daß aber auch Erwachsene gleich Kindern auf diesem Erdboden herumtaumeln und wie jene nicht wissen, woher sie kommen und wohin sie gehen, ebensowenig nach wahren Zwecken handeln, ebenso durch Biskuit und Kuchen und Birkenreiser regiert werden: das will niemand gern glauben, und mich dünkt, man kann es mit Händen greifen.

[...]

Wohl dem, der so sein kann! Wer aber in seiner Demut erkennt, wo das alles hinausläuft, wer da sieht, wie artig jeder Bürger, dem es wohl ist, sein Gärtchen zum Paradiese zuzustutzen weiß, und wie unverdrossen auch der Unglückliche unter der Bürde seinen Weg fortkeucht, und alle gleich interessiert sind, das Licht dieser Sonne noch eine Minute länger zu sehn – ja, der ist still und bildet auch seine Welt aus sich selbst und ist auch glücklich, weil er ein Mensch ist. Und dann, so eingeschränkt er ist, hält er doch immer im Herzen das süße Gefühl der Freiheit, und daß er diesen Kerker verlassen kann, wann er will.

Die Leiden des jungen Werther: Brief vom 22. Mai.
Hamburger Ausgabe 6, 13 f.

Es darf sich einer nur für frei erklären, so fühlt er sich den Augenblick als bedingt. Wagt er es, sich für bedingt zu erklären, so fühlt er sich frei.

Maximen und Reflexionen.
Hamburger Ausgabe 12, 520.

Aus dem strengsten Gehorsam, aus der größten Einschränkung kam ich in die größte Freiheit, und ich genoß ihrer wie eine Speise, die man lange entbehrt hat. Sonst war ich selten zwei Stunden außer dem Hause; nun verlebte ich kaum einen Tag in meinem Zimmer. Meine Freunde, bei denen ich sonst nur abgerissene Besuche machen konnte, wollten sich meines anhaltenden Umgangs so wie ich mich des ihrigen erfreuen; öfters wurde ich zu Tische geladen, Spazierfahrten und kleine Lustreisen kamen hinzu, und ich blieb nirgends zurück. Als aber der Zirkel durchlaufen war, sah ich, daß das unschätzbare Glück der Freiheit nicht darin besteht, daß man alles tut, was man tun mag und wozu uns die Umstände einladen, sondern daß man das ohne Hindernis und Rückhalt, auf dem geraden Wege tun kann, was man für recht und schicklich hält.

Wilhelm Meisters Lehrjahre, 6. Buch: Bekenntnisse einer schönen Seele.
Hamburger Ausgabe 7, 414.

Freiheit? Ein schönes Wort, wer's recht verstände!
Was wollen sie für Freiheit? Was ist des Freiesten Freiheit?
– Recht zu tun!

Egmont, 4. Akt, 2. Szene: Herzog von Alba.
Hamburger Ausgabe 4, 429.

Niemand ist mehr Sklave, als der sich für frei hält, ohne es zu sein.

Maximen und Reflexionen.
Hamburger Ausgabe 12, 520.

Auch die Erfahrung ist wichtig: daß, wenn wir uns in eine gewisse Freiheit zu setzen gedenken, sich gleich wieder ein neues Hindernis hervortut [...]

An Marianne von Willemer, 10. Februar 1832.
Hamburger Ausgabe, Briefe 4, 471.

Der Mensch mag sich wenden, wohin er will, er mag unternehmen, was es auch sei, stets wird er auf jenen Weg wieder zurückkehren, den ihm die Natur einmal vorgezeichnet hat.

Dichtung und Wahrheit, 1. Teil, 4. Buch.
Hamburger Ausgabe 9, 129.

Das Göttliche

Edel sei der Mensch,
Hilfreich und gut!
Denn das allein
Unterscheidet ihn
Von allen Wesen,
Die wir kennen.

Heil den unbekannten
Höhern Wesen,
Die wir ahnen!

Ihnen gleiche der Mensch!
Sein Beispiel lehr' uns
Jene glauben.

Denn unfühlend
Ist die Natur:
Es leuchtet die Sonne
Über Bös' und Gute,
Und dem Verbrecher
Glänzen wie dem Besten
Der Mond und die Sterne.

Wind und Ströme,
Donner und Hagel
Rauschen ihren Weg
Und ergreifen
Vorübereilend
Einen um den andern.

Auch so das Glück
Tappt unter die Menge,
Faßt bald des Knaben
Lockige Unschuld,
Bald auch den kahlen
Schuldigen Scheitel.

Nach ewigen, ehrnen,
Großen Gesetzen
Müssen wir alle
Unseres Daseins
Kreise vollenden.

Nur allein der Mensch
Vermag das Unmögliche
Er unterscheidet,
Wählet und richtet;
Er kann dem Augenblick
Dauer verleihen.

Er allein darf
Den Guten lohnen,
Den Bösen strafen,
Heilen und retten,
Alles Irrende, Schweifende
Nützlich verbinden.

Und wir verehren
Die Unsterblichen,
Als wären sie Menschen,
Täten im großen,
Was der Beste im kleinen
Tut oder möchte.

Der edle Mensch
Sei hilfreich und gut!
Unermüdet schaff' er
Das Nützliche, Rechte,
Sei uns ein Vorbild
Jener geahneten Wesen!

Hamburger Ausgabe 1, 147–149.

Man mag sich noch so sehr zum Allgemeinen ausbilden, so bleibt man immer ein Individuum, dessen Natur, indem sie gewisse Eigenschaften besitzt, andere notwendig ausschließt.

An Wilhelm von Humboldt, 16. Juli 1798.
Hamburger Ausgabe, Briefe 2, 356.

[...] und ist es doch immer die Individualität eines jeden, die ihn hindert, die Individualitäten der andern in ihrem ganzen Umfang gewahr zu werden.

An Karl Ludwig von Knebel, 3. Januar 1807.
Hamburger Ausgabe, Briefe 3, 40.

Die Eigenliebe läßt uns sowohl unsre Tugenden als unsre Fehler viel bedeutender, als sie sind, erscheinen.

Wilhelm Meisters Lehrjahre, 4. Buch, 13. Kapitel.
Hamburger Ausgabe 7, 272.

Das Leben eines Menschen ist sein Charakter.

Zweiter römischer Aufenthalt. Frascati, 2. Oktober 1787.
Hamburger Ausgabe 11, 411.

Alles, was unsern Geist befreit, ohne uns die Herrschaft über uns selbst zu geben, ist verderblich.

Maximen und Reflexionen.
Hamburger Ausgabe 12, 520.

Sie saugt mit Gier verrätrisches Getränke
Unabgesetzt, vom ersten Zug verführt;
Sie fühlt sich wohl, und längst sind die Gelenke
Der zarten Beinchen schon paralysiert:
Nicht mehr gewandt, die Flügelchen zu putzen,
Nicht mehr geschickt, das Köpfchen aufzustutzen –
Das Leben so sich im Genuß verliert.
Zum Stehen kaum wird noch das Füßchen taugen;
So schlürft sie fort, und mitten unterm Saugen
Umnebelt ihr der Tod die tausend Augen.

»Parabolisch« ist dieser strophische Zyklus überschrieben – auf menschliche Verhältnisse also leider übertragbar.

Parabolisch.
Jubiläumsausgabe 2, 142.

Wer mit dem Leben spielt,
Kommt nie zurecht;
Wer sich nicht selbst befiehlt,
Bleibt immer ein Knecht.

Sprüche: Memento.
Hamburger Ausgabe 1, 313.

Taglang nachtlang stand mein Schiff befrachtet,
Günst'ger Winde harrend saß mit treuen Freunden
– Mir Geduld und guten Mut erzechend –
Ich im Hafen.

Und sie wurden mit mir ungeduldig:
Gerne gönnen wir die schnellste Reise,
Gern die hohe Fahrt dir; Güterfülle
Wartet drüben in den Welten deiner,
Wird Rückkehrendem in unsern Armen
Lieb' und Preis dir.

Und am frühen Morgen ward's Getümmel,
Und dem Schlaf entjauchzt' uns der Matrose,
Alles wimmelt, alles lebet, webet,
Mit dem ersten Segenshauch zu schiffen.

Und die Segel blühen in dem Hauche,
Und die Sonne lockt mit Feuerliebe;
Ziehn die Segel, ziehn die hohen Wolken,
Jauchzen an dem Ufer alle Freunde
Hoffnungslieder nach im Freudetaumel
Reisefreuden wähnend wie des Einschiffmorgens
Wie der ersten hohen Sternennächte.

Aber gottgesandte Wechselwinde treiben
Seitwärts ihn der vorgesteckten Fahrt ab,
Und er scheint sich ihnen hinzugeben,
Strebet leise sie zu überlisten,
Treu dem Zweck auch auf dem schiefen Wege.

Aber aus der dumpfen grauen Ferne
Kündet leise wandelnd sich der Sturm an,
Drückt die Vögel nieder aufs Gewässer,
Drückt der Menschen schwellend Herze nieder;
Und er kommt. Vor seinem starren Wüten
Streckt der Schiffer weis' die Segel nieder;
Mit dem angsterfüllten Balle spielen
Wind und Wellen.

Und an jenem Ufer drüben stehen
Freund' und Lieben, beben auf dem Festen:
Ach, warum ist er nicht hiergeblieben!
Ach, der Sturm! Verschlagen weg vom Glücke
Soll der Gute so zu Grunde gehen?
Ach, er sollte, ach, er könnte! Götter!

Doch er stehet männlich an dem Steuer.
Mit dem Schiffe spielen Wind und Wellen,
Wind und Wellen nicht mit seinem Herzen.
Herrschend blickt er auf die grimme Tiefe
Und vertrauet, scheiternd oder landend,
Seinen Göttern.

Hamburger Ausgabe 1, 49 f.

»Was bin ich denn gegen das All?« sprach er zu seinem Geiste; »wie kann ich ihm gegenüber, wie kann ich in seiner Mitte stehen?« Nach einem kurzen Überdenken jedoch fuhr er fort: »Das Resultat unsres heutigen Abends löst ja auch das Rätsel des gegenwärtigen Augenblicks. Wie kann sich der Mensch gegen das Unendliche stellen, als wenn er alle geistigen Kräfte, die nach vielen Seiten hingezogen werden, in seinem Innersten, Tiefsten versammelt, wenn er sich fragt: ›Darfst du dich in der Mitte dieser ewig lebendigen Ordnung auch nur denken, sobald sich nicht gleichfalls in dir ein beharrlich Bewegtes, um einen reinen Mittelpunkt kreisend, hervortut? Und selbst wenn es dir schwer würde, diesen Mittelpunkt in deinem Busen aufzufinden, so würdest du ihn daran erkennen, daß eine wohlwollende, wohltätige Wirkung von ihm ausgeht und von ihm Zeugnis gibt.‹
Wer soll, wer kann aber auf sein vergangenes Leben zurückblikken, ohne gewissermaßen irre zu werden, da er meistens finden wird, daß sein Wollen richtig, sein Tun falsch, sein Begehren tadelhaft und sein Erlangen dennoch erwünscht gewesen?
Wie oft hast du diese Gestirne leuchten gesehen, und haben sie dich nicht jederzeit anders gefunden? sie aber sind immer dieselbigen und sagen immer dasselbige: ›Wir bezeichnen‹, wiederholen sie, ›durch unsern gesetzmäßigen Gang Tag und Stunde; frage dich auch, wie verhältst du dich zu Tag und Stunde?‹«

Wilhelm Meisters Wanderjahre, 1. Buch, 10. Kapitel: Wilhelm auf der Sternwarte. Hamburger Ausgabe 8, 119.

Des Menschen größtes Verdienst bleibt wohl, wenn er die Umstände soviel als möglich bestimmt und sich so wenig als möglich von ihnen bestimmen läßt. Das ganze Weltwesen liegt vor uns wie ein großer Steinbruch vor dem Baumeister, der nur dann den Namen verdient, wenn er aus diesen zufälligen Naturmassen ein in seinem Geiste entsprungenes Urbild mit der größten Ökonomie, Zweckmäßigkeit und Festigkeit zusammenstellt. Alles außer uns ist nur Element, ja, ich darf wohl sagen, auch alles an uns; aber tief in uns liegt diese schöpferische Kraft, die das zu erschaffen vermag, was sein soll, und uns nicht ruhen und rasten läßt, bis wir es außer uns oder an uns auf eine oder die andere Weise dargestellt haben.

Wilhelm Meisters Lehrjahre, 6. Buch: Bekenntnisse einer schönen Seele.
Hamburger Ausgabe 7, 405.

Die Menschen sind als Organe ihres Jahrhunderts anzusehen, die sich meist unbewußt bewegen.

Maximen und Reflexionen.
Hamburger Ausgabe 12, 378.

Volk und Knecht und Überwinder,
Sie gestehn zu jeder Zeit,
Höchstes Glück der Erdenkinder
Sei nur die Persönlichkeit.

Jedes Leben sei zu führen,
Wenn man sich nicht selbst vermißt;
Alles könne man verlieren,
Wenn man bliebe, was man ist.

Westöstlicher Divan: Buch Suleika.
Hamburger Ausgabe 2, 71.

Erst müssen wir im Einklange mit uns selbst sein, ehe wir Disharmonien, die von außen auf uns zudringen, wo nicht zu heben, doch wenigstens einigermaßen auszugleichen imstande sind.

Gespräch mit Johann Daniel Falk aus Goethes letzten Lebensjahren, undatiert.
Gedenkausgabe 23, 818.

Unsere Zustände schreiben wir bald Gott, bald dem Teufel zu und fehlen ein- wie das anderemal: in uns selbst liegt das Rätsel, die wir Ausgeburt zweier Welten sind.

Maximen und Reflexionen.
Hamburger Ausgabe 12, 513.

Willst du zu deinem Zweck gelangen,
Mußt dir nicht selbst im Wege stehn [...]

Faust II, Paralipomena: Mephisto.
Gedenkausgabe 5, 617.

Wer Gutes will, der sei erst gut [...]

Faust II, V. 5053: Astrolog.
Hamburger Ausgabe 3, 158.

Denn jeder, der sein innres Selbst
Nicht zu regieren weiß, regierte gar zu gern
Des Nachbars Willen, eignem stolzem Sinn gemäß [...]

Faust II, V. 7015–7017: Die Seherin Erichtho.
Hamburger Ausgabe 3, 215.

Das wollen alle Herren sein,
Und keiner ist Herr von sich.

Zahme Xenien IV.
Jubliäumsausgabe 4, 67.

Wer Großes will, muß sich zusammenraffen;
In der Beschränkung zeigt sich erst der Meister,
Und das Gesetz nur kann uns Freiheit geben.

Sonett 2, Strophe 4.
Hamburger Ausgabe 1, 245.

Der geringste Mensch kann komplett sein, wenn er sich innerhalb der Grenzen seiner Fähigkeiten und Fertigkeiten bewegt; aber selbst schöne Vorzüge werden verdunkelt, aufgehoben und vernichtet, wenn jenes unerläßlich geforderte Ebenmaß abgeht.

Maximen und Reflexionen.
Hamburger Ausgabe 12, 532.

Allem Leben, allem Tun, aller Kunst muß das Handwerk vorausgehen, welches nur in der Beschränkung erworben wird. Eines recht wissen und ausüben gibt höhere Bildung als Halbheit des Hundertfältigen.

Wilhelm Meisters Wanderjahre, 1. Buch, 12. Kapitel.
Hamburger Ausgabe 8, 148.

Die Höhe reizt uns, nicht die Stufen; den Gipfel im Auge, wandeln wir gerne auf der Ebene.

Wilhelm Meisters Lehrjahre, 7. Buch, 9. Kapitel: Lehrbrief.
Hamburger Ausgabe 7, 496.

Daß ich Dir's mit einem Worte sage: mich selbst, ganz wie ich da bin, auszubilden, das war dunkel von Jugend auf mein Wunsch und meine Absicht.

Wilhelm Meisters Lehrjahre, 5. Buch, 3. Kapitel: Wilhelm.
Hamburger Ausgabe 7, 290.

Aber wir bilden uns nicht, wenn wir das, was in uns liegt, nur mit Leichtigkeit und Bequemlichkeit in Bewegung setzen. Jeder Künstler, wie jeder Mensch, ist nur ein einzelnes Wesen und wird nur immer auf einer Seite hängen. Deswegen hat der Mensch auch das, was seiner Natur entgegengesetzt ist, theoretisch und praktisch, insofern es ihm möglich wird, in sich aufzunehmen. Der Leichte sehe nach Ernst und Strenge sich um, der Strenge habe ein leichtes und bequemes Wesen vor Augen, der Starke die Lieblichkeit, der Liebliche die Stärke, und jeder wird seine eigne Natur nur desto mehr ausbilden, je mehr er sich von ihr zu entfernen scheint.

Einleitung in die Propyläen.
Hamburger Ausgabe 12, 55.

Nicht allein das Angeborene, sondern auch das Erworbene ist der Mensch.

Maximen und Reflexionen.
Hamburger Ausgabe 12, 530.

Unsere Eigenschaften müssen wir kultivieren, nicht unsere Eigenheiten.

Maximen und Reflexionen.
Hamburger Ausgabe 12, 530.

Jede Anlage ist wichtig, und sie muß entwickelt werden.

Wilhelm Meisters Lehrjahre, 8. Buch, 5. Kapitel.
Hamburger Ausgabe 7, 552.

Bei strenger Prüfung meines eignen und fremden Ganges, in Leben und Kunst, fand ich oft, daß das, was man mit Recht ein falsches Streben nennen kann, für das Individuum ein ganz unentbehrlicher Umweg zum Ziele sei. Jede Rückkehr vom Irrtum bildet mächtig den Menschen im einzelnen und ganzen aus, so daß man wohl begreifen kann, wie dem Herzensforscher ein reuiger Sünder lieber sein kann als neunundneunzig Gerechte. Ja man strebt oft mit Bewußtsein zu einem scheinbar falschen Ziel, wie der Fährmann gegen den Fluß arbeitet, da ihm doch nur darum zu tun ist, gerade auf dem entgegengesetzten Ufer anzulanden.

An Heinrich Karl Abraham Eichstädt, 15. September 1804.
Hamburger Ausgabe, Briefe 2, 473.

Wenn du nicht irrst, kommst du nicht zu Verstand.

Faust II, V. 7847: Mephisto.
Hamburger Ausgabe 3, 238.

Ich war mir guter, edler, großer Zwecke bewußt, konnte aber niemals die Bedingungen begreifen, unter denen ich wirkte; was mir mangelte, merkte ich wohl, was an mir zu viel sei, gleichfalls; deshalb unterließ ich nicht, mich zu bilden, nach außen und von innen. Und doch blieb es beim alten. Ich verfolgte jeden Zweck mit Ernst, Gewalt und Treue; dabei gelang mir oft, widerspenstige Bedingungen vollkommen zu überwinden, oft aber auch scheiterte ich daran, weil ich nachgeben und umgehen nicht lernen konnte. Und so ging mein Leben hin unter Tun und Genießen, Leiden und Widerstreben, unter Liebe, Zufriedenheit, Haß und Mißfallen anderer. Hieran spiegele sich, dem das gleiche Schicksal geworden.

Autobiographische Einzelheiten. Selbstschilderung.
Hamburger Ausgabe 10, 531.

Immer tätiger, nach innen und außen fortwirkender poetischer Bildungstrieb macht den Mittelpunkt und die Base seiner Existenz; hat man den gefaßt, so lösen sich alle übrigen anscheinenden Widersprüche. Da dieser Trieb rastlos ist, so muß er, um sich nicht stofflos selbst zu verzehren, sich nach außen wenden und, da er nicht beschauend, sondern nur praktisch ist, nach außen ihrer Richtung entgegen wirken. Daher die vielen falschen Tendenzen zur bildenden Kunst, zu der er kein Organ, zum tätigen Leben, wozu er keine Biegsamkeit, zu den Wissenschaften, wozu er nicht genug Beharrlichkeit hat. Da er sich aber gegen alle drei bildend verhält, auf Realität des Stoffs und Gehalt und auf Einheit und Schicklichkeit der Form überall dringen muß, so sind selbst diese falschen Richtungen des Strebens nicht unfruchtbar nach außen und innen.

Autobiographische Einzelheiten. Selbstschilderung.
Hamburger Ausgabe 10, 529.

Niemals glaubte ich, daß etwas zu erreichen wäre, immer dacht ich, ich hätt es schon. Man hätte mir eine Krone aufsetzen können und ich hätte gedacht, das verstehe sich von selbst. Und doch war ich gerade dadurch nur ein Mensch wie andre. Aber daß ich das über meine Kräfte Ergriffne durchzuarbeiten, das über mein Verdienst Erhaltne zu verdienen suchte, dadurch unterschied ich mich bloß von einem wahrhaft Wahnsinnigen.
Erst war ich den Menschen unbequem durch meinen Irrtum, dann durch meinen Ernst. Ich mochte mich stellen wie ich wollte, so war ich allein.

Autobiographische Einzelheiten. Selbstschilderung.
Hamburger Ausgabe 10, 530f.

Es ist wohl angenehm, sich mit sich selbst
Beschäft'gen, wenn es nur so nützlich wäre.
Inwendig lernt kein Mensch sein Innerstes
Erkennen; denn er mißt nach eignem Maß
Sich bald zu klein und leider oft zu groß.
Der Mensch erkennt sich nur im Menschen, nur
Das Leben lehret jedem, was er sei.

Torquato Tasso, V. 1237–1243: Antonio.
Hamburger Ausgabe 5, 106 f.

Hierbei bekenn' ich, daß mir von jeher die große und so bedeutend klingende Aufgabe: *erkenne dich selbst* immer verdächtig vorkam, als eine List geheim verbündeter Priester, die den Menschen durch unerreichbare Forderungen verwirren und von der Tätigkeit gegen die Außenwelt zu einer innern falschen Beschaulichkeit verleiten wollten.

Bedeutende Fördernis durch ein einziges geistreiches Wort.
Hamburger Ausgabe 13, 38.

Handle besonnen, ist die praktische Seite von: Erkenne dich selbst. Beides darf weder als Gesetz noch als Forderung betrachtet werden; es ist aufgestellt wie das Schwarze der Scheibe, das man immer auf dem Korn haben muß, wenn man es auch nicht immer trifft.

An Johann Friedrich Rochlitz, 23. November 1829.
Hamburger Ausgabe, Briefe 4, 357.

Die Worte sind gut, sie sind aber nicht das Beste. Das Beste wird nicht deutlich durch Worte. Der Geist, aus dem wir handeln, ist das Höchste.

Wilhelm Meisters Lehrjahre, 7. Buch, 9. Kapitel: Lehrbrief.
Hamburger Ausgabe 7, 496.

Willst du dich deines Wertes freuen,
So mußt der Welt du Wert verleihen.

Sprichwörtlich.
Jubiläumsausgabe 4, 14.

Suche nicht vergebne Heilung!
Unsrer Krankheit schwer Geheimnis
Schwankt zwischen Übereilung
Und zwischen Versäumnis.

Sprichtwörtlich.
Jubiläumsausgabe 4, 19.

Vom Vater hab' ich die Statur,
Des Lebens ernstes Führen,
Vom Mütterchen die Frohnatur
Und Lust zu fabulieren.
Urahnherr war der Schönsten hold,
Das spukt so hin und wieder,
Urahnfrau liebte Schmuck und Gold,
Das zuckt wohl durch die Glieder.
Sind nun die Elemente nicht
Aus dem Komplex zu trennen,
Was ist denn an dem ganzen Wicht
Original zu nennen?

Sprüche.
Hamburger Ausgabe 1, 320.

Original, fahr hin in deiner Pracht! –
Wie würde dich die Einsicht kränken:
Wer kann was Dummes, wer was Kluges denken,
Das nicht die Vorwelt schon gedacht?

Faust II, V. 6807–6810: Mephisto.
Hamburger Ausgabe 3, 209.

Niemals haben sich die Individuen vielleicht mehr vereinzelt und voneinander abgesondert als gegenwärtig. Jeder möchte das Universum vorstellen und aus sich darstellen; aber indem er mit Leidenschaft die Natur in sich aufnimmt, so ist er auch das Überlieferte, das, was andere geleistet, in sich aufzunehmen genötigt.

Geschichte der Farbenlehre, 2. Abteilung.
Hamburger Ausgabe 14, 42.

Man spricht immer von Originalität, allein was will das sagen! Sowie wir geboren werden, fängt die Welt an, auf uns zu wirken, und das geht so fort bis ans Ende. Und überall! was können wir denn unser Eigenes nennen, als die Energie, die Kraft, das Wollen! – Wenn ich sagen könnte, was ich alles großen Vorgängern und Mitlebenden schuldig geworden bin, so bliebe nicht viel übrig.

Gespräch mit Johann Peter Eckermann, 12. Mai 1825.
Gedenkausgabe 24, 158f.

Der törichtste von allen Irrtümern ist, wenn junge gute Köpfe glauben, ihre Originalität zu verlieren, indem sie das Wahre anerkennen, was von andern schon anerkannt worden.

Maximen und Reflexionen.
Hamburger Ausgabe 12, 415.

Eckermann und Soret: Dasselbe Gespräch in subjektiver Perspektive

Im Grunde aber sind wir alle kollektive Wesen, wir mögen uns stellen, wie wir wollen. Denn wie weniges haben und sind wir, das wir im reinsten Sinne unser Eigentum nennen! Wir müssen alle empfangen und lernen, sowohl von denen, die vor uns waren, als von denen, die mit uns sind. Selbst das größte Genie würde nicht weit kommen, wenn es alles seinem eigenen Innern verdanken wollte. Das begreifen aber viele sehr gute Menschen nicht und tappen mit ihren Träumen von Originalität ein halbes Leben im Dunkeln. Ich habe Künstler gekannt, die sich rühmten, keinem Meister gefolgt zu sein, vielmehr alles ihrem eigenen Genie zu danken zu haben. Die Narren! Als ob das überall anginge! Und als ob sich die Welt ihnen nicht bei jedem Schritt aufdränge und aus ihnen, trotz ihrer eigenen Dummheit, etwas machte!

Gespräch mit Johann Peter Eckermann, 17. Februar 1832.
Gedenkausgabe 24, 767.

Ein junger Maler, und sei sein Talent noch so ursprünglich und wäre er überzeugt, alles nur kraft seiner eigenen Phantasie zu schaffen, kann, wenn er wirklich ein Genie ist, dieses Zimmer nicht betreten und die Bilder an diesen Wänden nicht sehen, ohne als ein ganz anderer, als er vordem war, und mit einem viel reicheren Ideenschatz von hier wieder fortzugehen. Was bin denn ich selbst? Was habe ich denn gemacht? Ich sammelte und benutzte alles, was mir vor Augen, vor Ohren, vor die Sinne kam. Zu meinen Werken haben Tausende von Einzelwesen das ihrige beigetragen, Toren und Weise, geistreiche Leute und Dummköpfe, Kinder, Männer und Greise, sie alle kamen und brachten mir ihre Gedanken, ihr Können, ihre Erfahrungen, ihr Leben und ihr Sein; so erntete ich oft, was andere gesäet; mein Lebenswerk ist das eines Kollektivwesens, und dies Werk trägt den Namen Goethe.

Gespräch mit Frédéric Jean Soret, 17. Februar 1832.
Frankfurter Ausgabe 38, 521 f.

IV

»Was verkürzt mir die Zeit?
Tätigkeit!«

Vom Lob der Pflicht und dem Sinn unseres Tuns

Im Blick auf Leonardo da Vinci und Goethe sagte Sigmund Freud, das »Rätsel der wunderbaren Begabung« sei nicht erklärbar, doch einsehbar für jeden ist der ungeheure Fleiß, den der Reichtum ihres Lebenswerks voraussetzt. So nimmt es nicht wunder, wenn Goethe in der Erinnerung »Mühe und Arbeit« seines Lebens mit der Anstrengung des Sisyphos – »das ewige Wälzen eines Steins« – vergleicht und an anderer Stelle vor »unbedingter Tätigkeit« warnt, da sie zum physischen wie psychischen »Bankrott« führe. Und doch erfüllte sich für Goethe lebenslang im Tätigsein die Bestimmung des Menschen. In einer kurzen Selbstcharakterisierung notierte er 1797 seinen »immer tätigen poetischen Bildungstrieb« als Grund und Mitte seiner Existenz. Es bedürfte einer langen Aufzählung, wollte man alle öffentlichen Ämter nennen, in die er sich als Minister, Bergbau-, Bibliotheks-, Theaterdirektor und anderes mehr einarbeiten mußte, und es wäre verlorene Liebesmüh, möchte man alle Gebiete beschreiben, auf denen er, der Maler, Historiker (auch der »Geschichte der Farbenlehre«), der Entdecker des Zwischenkieferknochens, der Botaniker und Mineraloge, der Sammler, Übersetzer und Vermittler fremder Literaturen, produktiv tätig war. Man nehme bei Gelegenheit die 143 (Teil-)Bände der Weimarer Ausgabe zur Hand, durchblättere die »Amtlichen Schriften«, stöbere in den »Gesprächen« und lese sich in den neu edierten naturwissenschaftlichen Abhandlungen mit ihren 20 Bänden fest: Mit dem Staunen beginnt nach Platon die Philosophie. Wer es nicht verlernt hat, wird es angesichts des bloßen Umfangs von Goethes Werk aufs neue empfinden. Mit der Kenntnis wächst die Verehrung, die niemanden bedrückt, vielmehr das Gefühl des ruhigen, weiten Blicks über Welt und Mensch vermittelt. Wie weitläufig auch das Werk ist und wie groß die Anstrengung war: sein Autor scheint keine Hast zu kennen; noch das Beiläufige wirkt durch seine gelassene Überlegenheit. Praxis und Theorie gingen bei Goethe Hand in Hand, Tun und Denken durchdrangen einander. Ernst und Folgerichtigkeit des politischen Handelns milderten die vom Widerstand der trägen gesellschaftlichen Verhältnisse aufgenötigten Enttäuschungen.

Tätigkeit – sie ist einer der Leitbegriffe der »Lehrjahre«. Wilhelm Meister flieht den Kaufmannsberuf in der Hoffnung, als Schauspieler mehrere Leben leben und alle seine Kräfte gleichmäßig entfalten zu können. Am Ende zweier langer Romane hat er es »nur« zum Wundarzt gebracht: Nicht die berufliche Karriere liefert das Maß für ein gelingendes Leben, sondern dessen Reichtum an Erfahrung und sein Wert für andere Menschen.

Das bestimmte tätige Leben, in einem Beruf konzentriert und im günstigen Fall als Berufung akzeptiert, soll das unbestimmte Ideal, das jugendlichem Schweifen angesichts der verwirrenden Möglichkeiten eigen ist, integrieren. In den späten »Wanderjahren« beschreibt der von der Technisierung beeindruckte und zugleich erschreckte alte Goethe die drohende Arbeitslosigkeit, da die Maschine den Handwerker ersetzt und zur Untätigkeit verdammt, finanzielle Not mitbringt und die menschliche Entwicklung unterbricht. Mobilität ist gefordert.

Die für die Goethezeit verbindliche Bildung zur allseitig geformten Persönlichkeit kann nur durch pflichtgemäße Tätigkeit erreicht werden. Aber auch Streben und Tat sind, wie alles Menschliche, janusgesichtig. Bittere Zweideutigkeit haftet Faust an, Urbild des neuzeitlichen Menschen und Verkörperung einer technischen Zivilisation, die sich immer mehr einem beschleunigenden Aktionismus ausgeliefert hat. Rastlosigkeit vertreibt die Stille und Meditation, auf denen das frühe Christentum und die Kulturen Ostasiens beruhten. Faust ist der Prototyp einer radikalen Selbstverwirklichung und der Emanzipation von allen – auch sittlichen – Beschränkungen. Sein individuelles »Streben« nimmt die generellen Züge unseres technischen Fortschritts vorweg, so daß Oswald Spengler in seinem »Untergang des Abendlandes« (1918–1922) von der »faustischen Kultur« sprechen konnte. Die Technik erleichtert und verlängert unser

Leben, nähert entfernte Räume einander an und scheint die Zeit überspringen zu können, doch welcher zusätzliche technische Aufwand ist nötig, um deren schlimmste Auswirkungen zu neutralisieren.

Wie kam es zu dieser Hochschätzung aller Tätigkeitsformen in der Goethezeit? Wir erinnern uns, daß die Produktion von Gütern durch Bauern, Handwerker und Sklaven im Altertum mißachtet wurde und alle Erwerbstätigen der herrschenden Klasse und der Kriegerkaste verpflichtet waren. Das frühe Christentum forderte dagegen, daß arbeiten solle, wer essen wolle. Der Apostel Paulus erwarb seinen Lebensunterhalt durch Handarbeit, das Mönchtum verband Meditation und Aktion, Gebet und Arbeit. Doch obwohl Thomas von Aquin (1225–1274) zu Beginn der Arbeitsteilung in den mittelalterlichen Städten erstmals ein *positives* Arbeitsethos formulierte und das Einkommen an den persönlichen Fleiß knüpfte, bedurfte es Luthers reformatorischer Kraft, der verachteten Arbeit Sinn und Ansehen zu verleihen. Er stellte die Handarbeit der geistig-geistlichen gleich, gestand jedem ehrlichen Tun, unabhängig vom Zweck, den gleichen Wert zu, – den Wert, der nicht auf dem Erfolg beruhe, sondern einzig in der Gesinnung liegt, mit der die Arbeit geleistet wird. Indem sie dem Menschen nützte, diente die Mühsal der Arbeit, »im Schweiße des Angesichts« getan, auch Gott. Die mit frommer Bewußtheit verrichtete Arbeit kann nach reformatorischer Auffassung zu einer Form des tätigen Gottes-Dienstes werden. Die Auswirkungen dieses beruflichen Ethos auf die nachfolgenden Jahrhunderte waren unabsehbar groß, wie kurze Andeutungen erhellen können.

Der Genfer Reformator Calvin (1509–1564) ging weiter als Luther und verlangte der Arbeit ein Stück Askese ab. Varianten in seiner Luther-Auslegung hatten in der Folgezeit ungeahnte Wirkung. Seine Prädestinationslehre führte nicht zur Passivität, wie man annehmen möchte. Am gewissenhaft erzielten Resultat der rastlosen Arbeit las man die Erwähltheit ab, die Luther allein der Rechtfertigung durch den Glauben zugestanden hatte. Für die zivilisatorische Entwicklung Westeuropas und Nordamerikas wurde fortan die *Leistung* des Individuums zum auszeichnenden Merkmal; sie äußerte sich im geschäftlichen Erfolg. Dafür hat uns Max Weber in seinem religionssoziologischen Buch »Die protestantische Ethik und der ›Geist‹ des Kapitalismus« (Erstfassung 1904/05) die Augen geöffnet. Zwar löste sich das Arbeitsethos im 18. Jahrhundert von den reformatorischen Begründungen weithin ab, doch blieb es – und nicht nur für Goethe – in seiner eminenten Bedeutung erhalten, und zwar vor allem für die tätige Entwicklung und Selbstbildung des Individuums. Ein weiterer Gedanke, der im 18. Jahrhundert kräftig wirkte und in der Gestalt Fausts seine bekannteste Verkörperung fand, kam hinzu: Für Augustin war die Schöpfung von Anfang an vollendet; für die Antike galt daher die Betrachtung mehr als die Tätigkeit. Dem Denken der Renaissance zufolge zeichnet Dynamik alles Lebendige aus. Gott-Natur ist im unaufhörlichen Wandel begriffen; das Sein wird als Werdeprozeß erfahren: »Das Werdende, das ewig wirkt und lebt« (»Faust«, Vers 346). Analog dazu äußert und vollendet sich der Mensch in rastloser Tätigkeit. Die Faust-Figur ist das menschliche Ebenbild dieser tätigen Natur, die in ewiger Bildung und Umbildung begriffen ist. Fausts Aktionsdrang korrespondiert mit dem göttlichen Schöpfungsprozeß. Sein Tatwille macht ihn, obwohl er sich vielfach an Menschen verschuldete, für Goethe erlösungswürdig.

Die ungewöhnlich weite Bedeutung des Tätigseins ist damit noch nicht erschöpft, denn Goethe folgert aus der entschiedenen Tätigkeit sogar die Unsterblichkeit des Menschen. Die Steigerung des eigenen Charakters, die Vervollkommnung der Persönlichkeit im denkenden Tun und tätigen Denken dienen der Einübung in das geglaubte Fortleben nach dem Tode. So notierte sich Eckermann unter dem 4. Februar 1829 Goethes Äußerung: » Die Überzeugung unserer

Fortdauer entspringt mir aus dem Begriff der Tätigkeit; denn wenn ich bis an mein Ende rastlos wirke, so ist die Natur verpflichtet, mir eine andere Form des Daseins anzuweisen ...«

Damit schließt sich der Kreis. Was in religiöser Begründung begann, das hohe Ethos der Arbeit, endet nach kräftiger Verweltlichung – jedenfalls bei Goethe – wieder religiös: als Voraussetzung für die Fortexistenz in »neuen Sphären reiner Tätigkeit« (»Faust«, Vers 705).

Man kann einem jungen Menschen keine größere Wohltat erweisen, als wenn man ihn zeitig in die Bestimmung seines Lebens einweiht.

Wilhelm Meisters Lehrjahre, 1. Buch, 11. Kapitel: der alte Meister.
Hamburger Ausgabe 7, 41.

Tätig zu sein [...] ist des Menschen erste Bestimmung, und alle Zwischenzeiten, in denen er auszuruhen genötigt ist, sollte er anwenden, eine deutliche Erkenntnis der äußerlichen Dinge zu erlangen, die ihm in der Folge abermals seine Tätigkeit erleichtert.

Wilhelm Meisters Lehrjahre, 6. Buch: Bekenntnisse einer schönen Seele.
Hamburger Ausgabe 7, 415f.

Was verkürzt mir die Zeit?
    Tätigkeit!
Was macht sie unerträglich lang?
    Müßiggang!
Was bringt in Schulden?
    Harren und Dulden!
Was macht Gewinnen?
    Nicht lange besinnen!
Was bringt zu Ehren?
    Sich wehren!

Westöstlicher Divan: Buch der Betrachtungen.
Hamburger Ausgabe 2, 34f.

Die Tätigkeit ist, was den Menschen glücklich macht;
Die, erst das Gute schaffend, bald ein Übel selbst
Durch göttlich wirkende Gewalt in Gutes kehrt.
Drum auf beizeiten morgens! ja, und fändet ihr,
Was gestern ihr gebaut, schon wieder eingestürzt,
Ameisen gleich nur frisch die Trümmern aufgeräumt!
Und neuen Plan ersonnen, Mittel neu erdacht!
So werdet ihr, und wenn aus ihren Fugen selbst
Die Welt geschoben in sich selbst zertrümmerte,
Sie wieder bauen, einer Ewigkeit zur Lust.

Paläophron und Neoterpe: Paläophron.
Hamburger Ausgabe 5, 305.

Ich bin nun ganz in alle Hof- und politische Händel verwickelt und werde fast nicht wieder wegkönnen. Meine Lage ist vorteilhaft genug, und die Herzogtümer Weimar und Eisenach immer ein Schauplatz, um zu versuchen, wie einem die Weltrolle zu Gesichte stünde. Ich übereile mich drum nicht, und Freiheit und Genüge werden die Hauptkonditionen der neuen Einrichtung sein, ob ich gleich mehr als jemals am Platz bin, das durchaus Scheißige dieser zeitlichen Herrlichkeit zu erkennen.

An Johann Heinrich Merck, 22. Januar 1776.
Gedenkausgabe 18, 303 f.

Es ist nicht genug, daß man Talent habe, es gehört mehr dazu, um gescheit zu werden; man muß auch in großen Verhältnissen leben und Gelegenheit haben, den spielenden Figuren der Zeit in die Karten zu sehen und selber zu Gewinn und Verlust mitzuspielen.

Gespräch mit Johann Peter Eckermann, 13. Februar 1829.
Gedenkausgabe 24, 315.

Allein dies Geschäft diese Tage her. Mich drin gebadet. Und gute Hoffnung, in Gewißheit des Ausharrens. Der Druck der Geschäfte ist sehr schön der Seele, wenn sie entladen ist, spielt sie freier und genießt des Lebens. Elender ist nichts als der behagliche Mensch ohne Arbeit, das Schönste der Gaben wird ihm ekel.

Tagebuch, 13. Januar 1779.
Weimarer Ausgabe III, 1, 77.

Ich bin ein armer Sklave der Pflicht, mit welcher mich das Schicksal vermählt hat, drum verzeihe, wenn ich trocken und träge scheine.

An Friedrich Heinrich Jacobi, 3. März 1784.
Gedenkausgabe 18, 759.

Bei mir drängt sich's nun so sehr übereinander, daß ich für Forderungen von innen und von außen fast keine ruhige Stunde vor mir sehe und jeden Tag nur das Nötige wegarbeiten muß, ohne mich um den folgenden zu bekümmern. Die Mannigfaltigkeit meiner Beschäftigungen ist sehr unterhaltend und selbst aufreizend und förderlich, doch will es manchmal ein bißchen gar zu bunt werden.

An Fritz von Stein, 21. Dezember 1798.
Weimarer Ausgabe IV, 13, 351.

Man sagt immer, die Lebenszeit ist kurz; allein der Mensch kann viel leisten, wenn er sie recht zu benützen weiß. Ich habe keinen Tabak geraucht, nicht Schach gespielt, kurz, nichts betrieben, was die Zeit rauben könnte. Ich habe immer die Menschen bedauert, welche nicht wissen, wie sie die Zeit zubringen oder benützen können.

Gespräch mit Joseph Sebastian Grüner, 21. August 1822.
Gedenkausgabe 23, 231.

Den ersten Feiertag 25. *Dezember* früh achte. Hab ziemlich lang geschlafen, die Sonne steht schon am Himmel. Der Abend gestern ward mit Würfeln und Karten vervagabundet.

An den Herzog Karl August, 23.-26. Dezember 1775.
Gedenkausgabe 18, 300.

Trenne alles, was eigentlich Geschäft ist, vom Leben! Das Geschäft verlangt Ernst und Strenge, das Leben Willkür; das Geschäft die reinste Folge, dem Leben tut eine Inkonsequenz oft not, ja sie ist liebenswürdig und erheiternd.

Die Wahlverwandtschaften, 1. Teil, 4. Kapitel: der Hauptmann.
Hamburger Ausgabe 6, 266.

Ich habe soviel gearbeitet, daß ich es ganz satt habe und mir auch wieder einmal mit dir und dem Kleinen was zugute tun möchte. Ich freue mich sehr, dich wiederzusehen.

An Christiane Vulpius, 7. März 1796.
Weimarer Ausgabe IV, 11, 44.

Was kündest du für Feste mir? Sie lieb' ich nicht;
Erholung reichet Müden jede Nacht genug.
Des echten Mannes wahre Feier ist die Tat!

Pandora, V. 1043–1045: Prometheus.
Hamburger Ausgabe 5, 364.

Unbedingte Tätigkeit, von welcher Art sie sei, macht zuletzt bankerott.

Maximen und Reflexionen.
Hamburger Ausgabe 12, 517.

Es ist nichts furchtbarer anzuschauen als grenzenlose Tätigkeit ohne Fundament. Glücklich diejenigen, die im Praktischen gegründet sind und sich zu gründen wissen!

Maximen und Reflexionen.
Hamburger Ausgabe 12, 399.

Als ich in der Stadt wieder an meine Geschäfte kam, fühlte ich die Beschwerlichkeit derselben mehr als sonst: denn der zur Tätigkeit geborene Mensch übernimmt sich in Planen und überladet sich mit Arbeiten. Das gelingt denn auch ganz gut, bis irgendein physisches oder moralisches Hindernis dazutritt, um das Unverhältnismäßige der Kräfte zu dem Unternehmen ins klare zu bringen.
Das Juristische trieb ich mit so viel Fleiß, als nötig war, um die Promotion mit einigen Ehren zu absolvieren [...]

Dichtung und Wahrheit, 3. Teil, 11. Buch.
Hamburger Ausgabe 9, 450.

Man hat mich immer als einen vom Glück besonders Begünstigten gepriesen; auch will ich mich nicht beklagen und den Gang meines Lebens nicht schelten. Allein im Grunde ist es nichts als Mühe und Arbeit gewesen, und ich kann wohl sagen, daß ich in meinen fünfundsiebzig Jahren keine vier Wochen eigentliches Behagen gehabt. Es war das ewige Wälzen eines Steines, der immer von neuem gehoben sein wollte. Meine Annalen werden es deutlich machen, was hiermit gesagt ist. Der Ansprüche an meine Tätigkeit, sowohl von außen als innen, waren zu viele.

Gespräch mit Johann Peter Eckermann, 27. Januar 1827.
Gedenkausgabe 24, 83.

Alles, was wir treiben und tun, ist ein Abmüden; wohl dem, der nicht müde wird!

Maximen und Reflexionen.
Hamburger Ausgabe 12, 519.

Was du ererbt von deinen Vätern hast,
Erwirb es, um es zu besitzen.
Was man nicht nützt, ist eine schwere Last,
Nur was der Augenblick erschafft, das kann er nützen.

Faust I, V. 682–685: Faust.
Hamburger Ausgabe 3, 29.

Dem einzelnen bleibe die Freiheit, sich mit dem zu beschäftigen, was ihn anzieht, was ihm Freude macht, was ihm nützlich deucht; aber das eigentliche Studium der Menschheit ist der Mensch.

Die Wahlverwandtschaften, 2. Teil, 7. Kapitel: Aus Ottilies Tagebuch.
Hamburger Ausgabe 6, 417.

Sage mir, mit wem du umgehst, so sage ich dir, wer du bist; weiß ich, womit du dich beschäftigst, so weiß ich, was aus dir werden kann.

Maximen und Reflexionen.
Hamburger Ausgabe 12, 517.

Als Wilhelm seine Mutter des andern Morgens begrüßte, eröffnete sie ihm, daß der Vater sehr verdrießlich sei und ihm den täglichen Besuch des Schauspiels nächstens untersagen werde. »Wenn ich gleich selbst«, fuhr sie fort, »manchmal gern ins Theater gehe, so möchte ich es doch oft verwünschen, da meine häusliche Ruhe durch deine unmäßige Leidenschaft zu diesem Vergnügen gestört wird. Der Vater wiederholt immer, wozu es nur nütze sei, wie man seine Zeit nur so verderben könne.«
»Ich habe es auch schon von ihm hören müssen«, versetzte Wilhelm, »und habe ihm vielleicht zu hastig geantwortet; aber um's Himmels willen, Mutter! ist denn alles unnütz, was uns nicht unmittelbar Geld in den Beutel bringt, was uns nicht den allernächsten Besitz verschafft? Hatten wir in dem alten Haus nicht Raum genug? und war es nötig, ein neues zu bauen? Verwendet der Vater nicht jährlich einen ansehnlichen Teil seines Handels-

gewinnes zur Verschönerung der Zimmer? Diese seidenen Tapeten, diese englischen Mobilien, sind sie nicht auch unnütz? Könnten wir uns nicht mit geringeren begnügen? Wenigstens bekenne ich, daß mir diese gestreiften Wände, diese hundertmal wiederholten Blumen, Schnörkel, Körbchen und Figuren einen durchaus unangenehmen Eindruck machen.«

Wilhelm Meisters Lehrjahre, 1. Buch, 2. Kapitel.
Hamburger Ausgabe 7, 11 f.

Wenn das, was der Mensch besitzt, von großem Wert ist, so muß man demjenigen, was er tut und leistet, noch einen größern zuschreiben.

Wilhelm Meisters Wanderjahre, 3. Buch, 9. Kapitel: Lenardo.
Hamburger Ausgabe 8, 385.

Wie überall, bewirken Tätigkeit und Bewegung das Leben.

Die Zeitschrift »Le Globe«.
Gedenkausgabe 14, 866.

Mit Gedanken, die nicht aus der tätigen Natur entsprungen sind und nicht wieder aufs tätige Leben wohltätig hinwirken und so in einem mit dem jedesmaligen Lebenszustand übereinstimmenden mannigfaltigen Wechsel unaufhörlich entstehen und sich auflösen, ist der Welt wenig geholfen.

Maximen und Reflexionen.
Hamburger Ausgabe 12, 397.

Durch einige Gegenrede Wilhelms veranlaßt, erklärte Montan sich ferner: »Wenn man einmal weiß, worauf alles ankommt, hört man auf, gesprächig zu sein.« – »Worauf kommt nun aber alles an?« versetzte Wilhelm hastig. – »Das ist bald gesagt«, versetzte jener. »Denken und Tun, Tun und Denken, das ist die Summe aller Weisheit, von jeher anerkannt, von jeher geübt, nicht eingesehen von einem jeden. Beides muß wie Aus- und Einatmen sich im Leben ewig fort hin und wider bewegen; wie Frage und Antwort sollte eins ohne das andere nicht stattfinden. Wer sich zum Gesetz macht, was einem jeden Neugebornen der Genius des Menschenverstandes heimlich ins Ohr flüstert, das Tun und Denken, das Denken am Tun zu prüfen, der kann nicht irren, und irrt er, so wird er sich bald auf den rechten Weg zurückfinden.«

Wilhelm Meisters Wanderjahre, 2. Buch, 9. Kapitel.
Hamburger Ausgabe 8, 263.

Wer aus großen Absichten fehlgreift, handelt immer lobenswürdiger, als wer dasjenige tut, was nur kleinen Absichten gemäß ist. Man kann auf dem rechten Wege irren und auf dem falschen recht gehen.

Die Aufgeregten, 2. Akt, 3. Szene: Magister.
Hamburger Ausgabe 5, 190.

Wie schwer ist es daher, dem Talente jeder Art und jeden Grades begreiflich zu machen, daß die Muse das Leben zwar gern begleitet, aber es keineswegs zu leiten versteht. Wenn wir beim Eintritt in das tätige und kräftige, mitunter unerfreuliche Leben, wo wir uns alle, wie wir sind, als abhängig von einem großen Ganzen empfinden müssen, alle früheren Träume, Wünsche, Hoffnungen und die Behaglichkeiten früherer Märchen zurückfordern, da entfernt sich die Muse und sucht die Gesellschaft des heiter Entsagenden, sich leicht Wiederherstellenden auf, der jeder Jahreszeit etwas abzugewinnen weiß, der Eisbahn wie dem Rosengarten die gehörige Zeit gönnt, seine eigenen Leiden beschwichtigt und um sich her recht emsig forscht, wo er irgend ein Leiden zu lindern, Freude zu fördern Gelegenheit findet.

Schriften zur Literatur: Für junge Dichter.
Hamburger Ausgabe 12, 359.

Es gibt keine Lage, die man nicht veredlen könnte durch Leisten oder Dulden.

Maximen und Reflexionen.
Hamburger Ausgabe 12, 514.

Der Undank ist immer eine Art Schwäche. Ich habe nie gesehen, daß tüchtige Menschen wären undankbar gewesen.

Maximen und Reflexionen.
Hamburger Ausgabe 12, 543.

Sehnsucht ins Ferne, Künftige zu beschwichtigen,
Beschäftige dich hier und heut im Tüchtigen.

Alterssprüche.
Hamburger Ausgabe 1, 390.

Wer soll, wer kann aber auf sein vergangenes Leben zurückblikken, ohne gewissermaßen irre zu werden, da er meistens finden wird, daß sein Wollen richtig, sein Tun falsch, sein Begehren tadelhaft und sein Erlangen dennoch erwünscht gewesen?

Wilhelm Meisters Wanderjahre, 1. Buch, 10. Kapitel: Wilhelm.
Hamburger Ausgabe 8, 119.

Wenn man von den Leuten Pflichten fordert und ihnen keine Rechte zugestehen will, muß man sie gut bezahlen.

Maximen und Reflexionen.
Hamburger Ausgabe 12, 520.

Wie kann man sich selbst kennenlernen? Durch Betrachten niemals, wohl aber durch Handeln. Versuche, deine Pflicht zu tun, und du weißt gleich, was an dir ist.

Maximen und Reflexionen.
Hamburger Ausgabe 12, 517.

Was aber ist deine Pflicht? Die Forderung des Tages.

Maximen und Reflexionen.
Hamburger Ausgabe 12, 518.

Hier schicke ich dir, mit einem herzlichen Wunsche zu deinem Geburtstag, einiges Obst, damit du es mit August verzehrst und dich dabei meiner Liebe erinnerst. Wie sehr wünschte ich dieses Fest im stillen mit dir zu begehen; allein ich habe wohlgetan, mich nach Jena zu begeben; selbst hier wird es mir schwer, mich wieder völlig zu sammeln, und ich habe bisher eigentlich noch nichts Rechts getan. In der nächsten Woche, denk ich, soll es werden, da ich denn sehr zufrieden sein will, indem die Zeit zu drängen anfängt. Mache deine Sachen in Ordnung und gehe sodann nach Roßla und erfreue dich an den ländlichen Beschäftigungen. Es ist recht gut, wenn du alles näher kennenlernst. Betrübe dich nicht über das, was außer dir vorgeht! die Menschen sind nicht anders gegeneinander, im Großen wie im Kleinen. Denke, daß ich dich liebe und daß ich keine andere Sorge habe, als dir eine unabhängige Existenz zu verschaffen, es wird mir ja das auch wie so manches andre gelingen.
Tue nur jeden Tag das Nötige, weiter bleibt uns in guten und bösen Zeiten nichts übrig. Sorge für das gute Kind und denke, daß uns nichts fehlen kann, solange wir beisammen sind.
Ich will mit allem Fleiße sorgen, daß ich das Nötigste wegarbeite, dann sehen wir uns wieder. Lebe recht wohl. Grüße den lieben Gustel und behalte mich lieb.

An Christiane Vulpius, 5. August 1798.
Gedenkausgabe 19, 348f.

Man halte sich ans fortschreitende Leben und prüfe sich bei Gelegenheiten; denn da beweist sich's im Augenblick, ob wir lebendig sind, und bei späterer Betrachtung, ob wir lebendig waren.

Schriften zur Literatur: Noch ein Wort für junge Dichter.
Hamburger Ausgabe 12, 361.

Das Sicherste bleibt immer, daß wir alles, was in und an uns ist, in Tat zu verwandeln suchen.

An Karl Friedrich Zelter, 30. Oktober 1828.
Hamburger Ausgabe, Briefe 4, 308.

Seelenleiden, in die wir durch Unglück oder eigne Fehler geraten, sie zu heilen vermag der Verstand nichts, die Vernunft wenig, die Zeit viel, entschlossene Tätigkeit hingegen alles.

Wilhelm Meisters Wanderjahre, 2. Buch, 11. Kapitel: Jarno.
Hamburger Ausgabe 8, 281.

Die Liebe kann wohl viel, allein die Pflicht noch mehr.

Die Mitschuldigen, 1. Akt, 2. Szene: Sophie.
Hamburger Ausgabe 4, 32.

Nemo ante obitum beatus ist ein Wort, das in der Weltgeschichte figuriert, aber eigentlich nichts sagen will. Sollte es mit einiger Gründlichkeit ausgesprochen werden, so müßte es heißen: »Prüfungen erwarte bis zuletzt«.
Dir hat es, mein Guter, nicht daran gefehlt, mir auch nicht, und es scheinet, als wenn das Schicksal die Überzeugung habe, man seie nicht aus Nerven, Venen, Arterien und anderen daher abgeleiteten Organen, sondern aus Draht zusammengeflochten. [...]
Das eigentliche Wunderliche und Bedeutende dieser Prüfung ist, daß ich alle Lasten, die ich zunächst, ja mit dem neuen Jahre abzustreifen und einem jünger Lebigen zu übertragen glaubte, nunmehr selbst fortzuschleppen und sogar schwieriger weiter zu tragen habe.
Hier nun allein kann der große Begriff der Pflicht uns aufrecht erhalten. Ich habe keine Sorge, als mich physisch im Gleichgewicht zu bewegen; alles andere gibt sich von selbst. Der Körper muß, der Geist will, und wer seinem Wollen die notwendige Bahn vorgeschrieben sieht, der braucht sich nicht viel zu besinnen.

Goethe hatte am 11. November 1830 die Nachricht vom Tod seines Sohnes August in Rom am 27. Oktober erhalten.
Nemo ...: niemand sei vor seinem Tode glücklich zu preisen.

An Karl Friedrich Zelter, 21. November 1830.
Gedenkausgabe 21, 949f.

V

»Man könnt' erzogene Kinder gebären,
Wenn die Eltern erzogen wären«

Vom Mut und Übermut der Jugend und vom Wert des Alters

Was findet das Interesse junger Goethe-Leser? Die Liebe? Gewiß – und gewiß auch das umrätselte Ich, das freundschaftlich aufgeschlossene Du und das Reisen, meist zur Erholung und zum Vergnügen angetreten und doch von unschätzbarem Wert für die nachfolgende Orientierung im eigenen Umkreis. Interessiert aber auch das Thema »Jugend und Alter«, wenn das Pädagogische entfällt und der mahnend erhobene Zeigefinger weggehalten wird? Wir hoffen, wir wünschen es, denn je bewußter wir unsere Anfänge erleben, desto sicherer können wir die nächsten Schritte gehen. Dabei verkennen wir nicht, daß erst der kommende Tag jeweils zeigt, ob wir am heutigen richtig handelten, – daß wir nach vorne leben müssen, doch erst im Rückblick das Gelebte verstehen.

Beim Lesen und Überdenken der Texte, wie fragmentarisch sie manchmal auch sind, fällt die freundliche Nachsicht auf, mit der Goethe der jungen Generation ihre Eigenheiten zugesteht, mehr noch: es beeindruckt die Großzügigkeit, die er allen Altersstufen entgegenbringt, da die Erinnerung an eigene Tor- und Tollheiten unvergessen ist und sie alle Urteile mildert. Die Selbstkritik, aufrichtig, aber auch ohne Schärfe, überwiegt, da der alte Herr in fremden Fehlern die eigenen wiedererkennt: den unbedachten Eigennutz des kindlichen Schlittschuhläufers, das Ungebärdige und Wilde des Weimarer Anfangs, das Schockierende in manchem Verhalten, das der prinzipiellen Haltung widersprach. Kritisches dazu äußert sich in der Dichtung als überlegene Ironie und gutmütige Abfertigung anmaßender Jünglinge – wie des hochnäsigen Assistenten in der Laborszene von »Faust II«. Er gibt ziemlich dreist von sich, was andere nur denken: daß erst mit ihnen die Welt beginnt und den Gruftis zugehört, wer über »dreißig Jahre« zählt. Hier und überall gilt: »Wenn sich der Most auch ganz absurd gebärdet« (»Faust«, Vers 6813), – aus der Gärung entsteht am Ende süffiges Getränk. Goethe sprach zudem von der »Wechselneigung« der Großeltern und der Enkel und wiederholt vom *verjüngenden* Kreis, falls das Alter in den erneuernden Anfang zurückzufinden vermag.

Was läßt sich der knappen, in sich kohärenten Auswahl entnehmen? »Du sollst dir kein Bildnis machen« – weder als Vater von deinen Kindern noch als Lehrer von den dir anvertrauten Schülern. Das eigentliche Übel der Erwachsenen besteht darin, daß sie junge Menschen zu Ebenbildern abrichten möchten. Eine jede Lebensstufe hat aber ihren unveräußerlichen Sinn; eine jede Generation geht ihren eigenen Weg. Die Jungen werden vieles anders und einiges besser machen, doch auch sie altern, auch sie müssen just zu der Zeit abtreten, da sie eingesehen haben, wie man »es« hätte machen müssen.

Die paar Auszüge sprechen von Jugend und Alter und werben um Verständnis für die Väter, die ihre Söhne mit eigenen unerfüllten Erwartungen belasten. Und die Großväter, die aus dem tätigen Leben heraustreten und, wie Goethe sagte, sich selbst historisch werden? Obgleich sich der späte Goethe oft über das Alter äußerte, deutete er dessen Einschränkungen nur an, während er die Beschwerden verschwieg. »Im Alter steigern sich die Prüfungen«, schrieb er lakonisch an Zelter, doch an ungezählten Stellen verweist er verhalten auf Trost. Tritt ein Mensch an den Rand des Daseins, schärft sich ihm der Blick fürs Wesentliche der Mitte; zieht sich das Gegenwärtige unmerklich zurück, verdeutlicht sich ihm das Gewesene in der Rückschau. Zwar schränkt der Lebensabend die Sinne ein, doch weitet er oft den Sinn für das, was war und ist und was Bestand hat.

»Soll dich das Alter nicht verneinen, / So mußt du es gut mit andern meinen, / Mußt viele fördern, manchem nützen; / Das wird dich vor Vernichtung beschützen.« (Jubiläumsausgabe 2, 128)

Wenn auch die Welt im ganzen vorschreitet, die Jugend muß doch immer wieder von vorne anfangen und als Individuum die Epochen der Weltkultur durchmachen.

Gespräch mit Johann Peter Eckermann, 17. Januar 1827. Gedenkausgabe 24, 210.

Ich brauche nur zum Fenster hinauszusehen, um in straßenkehrenden Besen und herumlaufenden Kindern die Symbole der sich ewig abnutzenden und immer sich verjüngenden Welt beständig vor Augen zu haben. Kinderspiele und Jugendvergnügen erhalten sich daher und pflanzen sich von Jahrhundert zu Jahrhundert fort; denn so absurd sie auch einem reiferen Alter erscheinen mögen, Kinder bleiben doch immer Kinder und sind sich zu allen Zeiten ähnlich.

Gespräch mit Johann Peter Eckermann, 17. Januar 1827. Gedenkausgabe 24, 210.

Es ist ein frommer Wunsch aller Väter, das, was ihnen selbst abgegangen, an den Söhnen realisiert zu sehen, so ohngefähr, als wenn man zum zweitenmal lebte und die Erfahrungen des ersten Lebenslaufes nun erst recht nutzen wollte.

Dichtung und Wahrheit, 1. Teil, 1. Buch. Hamburger Ausgabe 9, 31f.

Denn wir können die Kinder nach unserem Sinne nicht formen;
So wie Gott sie uns gab, so muß man sie haben und lieben,
Sie erziehen aufs beste und jeglichen lassen gewähren.
Denn der eine hat die, die anderen andere Gaben;
Jeder braucht sie, und jeder ist doch nur auf eigene Weise
Gut und glücklich.

Hermann und Dorothea, 3. Gesang.
Hamburger Ausgabe 2, 457.

Jeder Mensch ist beschränkt genug, den andern zu seinem Ebenbild erziehen zu wollen. Glücklich sind diejenigen daher, deren sich das Schicksal annimmt, das jeden nach seiner Weise erzieht.

Wilhelm Meisters Lehrjahre, 2. Buch, 9. Kapitel: Wilhelm.
Hamburger Ausgabe 7, 121.

Wie vieles ist leider nicht in unserer Erziehung und in unsern bürgerlichen Einrichtungen, wodurch wir uns und unsere Kinder zur Tollheit vorbereiten!

Wilhelm Meisters Lehrjahre, 5. Buch, 16. Kapitel: der Geistliche.
Hamburger Ausgabe 7, 347.

Nur unsere zweideutige, zerstreute Erziehung macht die Menschen ungewiß; sie erregt Wünsche, statt Triebe zu beleben, und anstatt den wirklichen Anlagen aufzuhelfen, richtet sie das Streben nach Gegenständen, die so oft mit der Natur, die sich nach ihnen bemüht, nicht übereinstimmen. Ein Kind, ein junger Mensch, die auf ihrem eigenen Wege irregehen, sind mir lieber als manche, die auf fremdem Wege recht wandeln. Finden jene, entweder durch sich selbst oder durch Anleitung, den rechten Weg, das ist den, der ihrer Natur gemäß ist, so werden sie ihn nie verlassen, anstatt daß diese jeden Augenblick in Gefahr sind, ein fremdes Joch abzuschütteln und sich einer unbedingten Freiheit zu übergeben.

Wilhelm Meisters Lehrjahre, 8. Buch, 3. Kapitel: Natalie.
Hamburger Ausgabe 7, 520 f.

Unsere gewöhnliche Erziehung jagt die Kinder ohne Not nach so viel Seiten hin und ist schuld an so viel falschen Richtungen, die wir an Erwachsenen bemerken.

An Karl Ludwig von Knebel, 17. September 1799.
Gedenkausgabe 19, 390.

Dies ist der Jugend edelster Beruf!
Die Welt, sie war nicht, eh' ich sie erschuf;
Die Sonne führt' ich aus dem Meer herauf;
Mit mir begann der Mond des Wechsels Lauf;
Da schmückte sich der Tag auf meinen Wegen,
Die Erde grünte, blühte mir entgegen.
Auf meinen Wink, in jener ersten Nacht,
Entfaltete sich aller Sterne Pracht.
Wer, außer mir, entband euch aller Schranken
Philisterhaft einklemmender Gedanken?
Ich aber frei, wie mir's im Geiste spricht,
Verfolge froh mein innerliches Licht,
Und wandle rasch, im eigensten Entzücken,
Das Helle vor mir, Finsternis im Rücken.

Faust II, V. 6793–6806: Baccalaureus.
Hamburger Ausgabe 3, 208f.

Glückliche Beschränkung der Jugend! ja der Menschen überhaupt, daß sie sich in jedem Augenblicke ihres Daseins für vollendet halten können, und weder nach Wahrem noch Falschem, weder nach Hohem noch Tiefem fragen, sondern bloß nach dem, was ihnen gemäß ist.

Dichtung und Wahrheit, 2. Teil, 6. Buch.
Hamburger Ausgabe 9, 239.

Ich war den Abend im Konzert. Goethe nicht; vor einigen Stunden war er bei mir, gab mir für Sie das beigeschloßne Billet und war toll über Ihren Brief, den er mir auch vorlas; ich verteidigte Sie, gestand ihm, ich wünschte selbst, er möchte etwas von seinem wilden Wesen, darum ihn die Leute hier so schief beurteilen, ablegen, das im Grund zwar nichts ist, als daß er jagt, scharf reitet, mit der großen Peitsche klatscht, alles in Gesellschaft des Herzogs. Gewiß sind dies seine Neigungen nicht, aber eine Weile muß er's so treiben, um den Herzog zu gewinnen und dann Gutes zu stiften, so denk' ich davon. Er gab mir den Grund nicht an, verteidigte sich mit wunderbaren Gründen, mir blieb's, als hätt' er unrecht. Er war sehr gut gegen mich, nannte mich im Vertrauen seines Herzens Du, das verwies ich ihm mit dem sanftesten Ton von der Welt, sich's nicht anzugewöhnen, weil es nun eben niemand wie ich zu verstehen weiß und er ohnedies oft gewisse Verhältnisse aus den Augen setzt, da springt er wild auf vom Kanapee, sagt, ich muß fort, läuft ein paarmal auf und ab, um seinen Stock zu suchen, find't ihn nicht, rennt so zur Türe hinaus ohne Abschied, ohne gute Nacht; sehen Sie, lieber Zimmermann, so war's heute mit unserm Freund.

Goethe fühlte sich in einem Brief des Arztes Zimmermann, der ihn in Frankfurt auf Charlotte von Stein aufmerksam gemacht hatte, verkannt.

Charlotte von Stein an Johann Georg von Zimmermann, Anfang März 1776. Gedenkausgabe 22, 99f.

Mir geht's mit Goethen wunderbar; nach acht Tagen, wie er mich so heftig verlassen hat, kommt er mit einem Übermaß von Liebe wieder. Ich hab' zu mancherlei Betrachtungen durch Goethen Anlaß bekommen; je mehr ein Mensch fassen kann, deucht mir, je dunkler, anstößiger wird ihm das Ganze, je eher fehlt man den ruhigen Weg; gewiß hatten die gefallnen Engel mehr Verstand wie die übrigen.

Charlotte von Stein an Johann Georg von Zimmermann, 10. Mai 1776.
Gedenkausgabe 22, 103.

Und wenn wir dachten, wir hätten's gefunden
Und was es sei, nun ganz empfunden,
Wie wurd' er so schnell uns wieder neu!
Entschlüpfte plötzlich dem satten Blick
Und kam in andrer Gestalt zurück;
Ließ neue Reize sich uns entfalten,
Und jede der tausendfachen Gestalten
So ungezwungen, so völlig sein,
Man mußte sie für die wahre halten!

Wieland verstand als erster und am genauesten
Goethes viele Gesichter zu deuten.

Aus einer der vielen Charakterisierungen Goethes durch Wieland, Anfang 1776.
Gedenkausgabe 22, 97.

Ein sehr harter Winter hatte den Main völlig mit Eis bedeckt und in einen festen Boden verwandelt. Der lebhafteste, notwendige und lustig gesellige Verkehr regte sich auf dem Eise. Grenzenlose Schlittschuhbahnen, glattgefrorne weite Stellen wimmelten von bewegter Versammlung. Ich fehlte nicht vom frühen Morgen an und war also, wie späterhin meine Mutter, dem Schauspiel zuzusehen, angefahren kam, als leichtgekleidet wirklich durchgefroren. Sie saß im Wagen in ihrem roten Sammetpelze, der, auf der Brust mit starken goldnen Schnüren und Quasten zusammengehalten, ganz stattlich aussah. »Geben Sie mir, liebe Mutter, Ihren Pelz!« rief ich aus dem Stegreife, ohne mich weiter besonnen zu haben, »mich friert grimmig.« Auch sie bedachte nichts weiter; im Augenblick hatte ich den Pelz an, der, purpurfarb bis an die Waden reichend, mit Zobel verbrämt und mit Gold geschmückt, zu der braunen Pelzmütze, die ich trug, gar nicht übel kleidete. So fuhr ich sorglos auf und ab, auch war das Gedränge so groß, daß man die seltene Erscheinung nicht einmal sonderlich bemerkte, obschon einigermaßen: denn man rechnete mir sie später unter meinen Anomalien im Ernst und Scherze wohl einmal wieder vor.

Dichtung und Wahrheit, 4. Teil, 16. Buch.
Hamburger Ausgabe 10, 84f.

Glückliche Kinder und Jünglinge wandeln in einer Art von Trunkenheit vor sich hin, die sich dadurch besonders bemerklich macht, daß die Guten, Unschuldigen das Verhältnis der jedesmaligen Umgebung kaum zu bemerken, noch weniger anzuerkennen wissen. Sie sehen die Welt als einen Stoff an, den sie bilden, als einen Vorrat, dessen sie sich bemächtigen sollen. Alles gehört ihnen an, ihrem Willen scheint alles durchdringlich; gar oft verlieren sie sich deshalb in einem wilden wüsten Wesen. Bei den Bessern jedoch entfaltet sich diese Richtung zu einem sittlichen Enthusiasmus, der sich nach Gelegenheit zu irgendeinem wirklichen oder scheinbaren Guten aus eignem Triebe hinbewegt, sich aber auch öfters leiten, führen und verführen läßt.

Dichtung und Wahrheit, 4. Teil, 16. Buch.
Hamburger Ausgabe 10, 83.

Unter die damaligen Verrücktheiten, die aus dem Begriff entstanden: man müßte sich in einen Naturzustand zu versetzen suchen, gehörte denn auch das Baden im freien Wasser, unter offenem Himmel; und unsre Freunde konnten auch hier, nach allenfalls überstandener Schicklichkeit, auch dieses Unschickliche nicht unterlassen. Darmstadt, ohne fließendes Gewässer in einer sandigen Fläche gelegen, mag doch einen Teich in der Nähe haben, von dem ich nur bei dieser Gelegenheit gehört. Die heiß genaturten und sich immer mehr erhitzenden Freunde suchten Labsal in diesem Weiher; nackte Jünglinge bei hellem Sonnenschein zu sehen, mochte wohl in dieser Gegend als etwas Besonderes erscheinen, es gab Skandal auf alle Fälle.

Dichtung und Wahrheit, 4. Teil, 18. Buch.
Hamburger Ausgabe 10, 129.

Wenn ihr das Leben gar zu ernsthaft nehmt, was ist denn dran? Wenn uns der Morgen nicht zu neuen Freuden weckt, am Abend uns keine Lust zu hoffen übrig bleibt, ist's wohl des An- und Ausziehens wert? Scheint mir die Sonne heut, um das zu überlegen, was gestern war? und um zu raten, zu verbinden, was nicht zu erraten, nicht zu verbinden ist, das Schicksal eines kommenden Tages? Schenke mir diese Betrachtungen, wir wollen sie Schülern und Höflingen überlassen. Die mögen sinnen und aussinnen, wandeln und schleichen, gelangen, wohin sie können, erschleichen, was sie können.

Egmont, 2. Akt, Egmonts Wohnung: Egmont.
Hamburger Ausgabe 4, 400.

Ja, wenn man in der Jugend nicht tolle Streiche machte und mitunter einen Buckel voll Schläge mit hinwegnähme, was wollte man denn im Alter für Betrachtungsstoff haben?

Gespräch mit Kanzler Friedrich von Müller, 18. Mai 1821.
Gedenkausgabe 23, 124.

Gerade um dieselbe Zeit war es, wo G[oethe] die ersten Versuche mit Schwimmen anstellte, zuerst im Floßgraben vor seinem Garten, dann in der Ilm selber. Er hatte es früher schon mit einem Korkwams versucht, das daher als Gleichnis mehrmals in seinen Schriften vorkommt; nun geschah es ohne dieses Hilfsmittel, und G[oethe] scheint es sehr weit in dieser Kunst gebracht zu haben. Er badete in jener Zeit überhaupt häufig, sogar des Nachts in der Ilm, meist bei Mondschein, selbst in November- und Dezembertagen; und trieb auch wohl allerlei Neckereien mit den bei nächtlicher Weile Vorübergehenden. So – erzählte er mir – habe er einmal einen Bauern aus Oberweimar, der spät in der Nacht nach Hause zurückkehrend über das Gatter der Floßbrücke steigen wollte, dadurch in Furcht und Schrecken versetzt, daß er in seiner weißen Gestalt mit schwarzem langem Haupthaar, aus dem Wasser auf- und niedertauchend und dabei wunderbare Töne von sich gebend, in jenem Manne die energische Vorstellung einer Ilmnixe erregte, deren Existenz dieser sich nun wahrscheinlich nicht wieder habe ausreden lassen. Vielleicht schreibt sich noch von jenem Augenzeugen der in seinem Ort verbreitete Glaube an das mehrmalige Erscheinen dieses Flußgespenstes her.

Aus Friedrich Wilhelm Riemers Erinnerungen, 5. August 1778.
Mitteilungen über Goethe, 67f.

Es ist das beneidenswerte Glück der Jugend, die Eindrücke in aller Frische und Kraft zu empfangen und zu genießen. Bei zunehmender kritischer Erkenntnis versiegt allgemach die Quelle jener ungetrübten Freuden. Jeder Mensch ist ein Adam; denn jeder wird einmal aus dem Paradiese – der warmen Gefühle vertrieben.

Gespräch mit Johann Christian Lobe, Juli 1820.
Gedenkausgabe 23, 91.

Für das größte Unheil unserer Zeit, die nichts reif werden läßt, muß ich halten, daß man im nächsten Augenblick den vorhergehenden verspeist, den Tag im Tage vertut und so immer aus der Hand in den Mund lebt, ohne irgend etwas vor sich zu bringen. Haben wir doch schon Blätter für sämtliche Tageszeiten! Ein guter Kopf könnte wohl noch eins und das andere interkalieren. Dadurch wird alles, was ein jeder tut, treibt, dichtet, ja was er vorhat, ins Öffentliche geschleppt. Niemand darf sich freuen oder leiden als zum Zeitvertreib der übrigen, und so springt's von Haus zu Haus, von Stadt zu Stadt, von Reich zu Reich und zuletzt von Weltteil zu Weltteil, alles veloziferisch.

veloziferisch: eine Zusammensetzung aus lat. velocitas (= Geschwindigkeit) und Luzifer.

Maximen und Reflexionen.
Hamburger Ausgabe 12, 389.

So wenig nun die Dampfmaschinen zu dämpfen sind, so wenig ist dies auch im Sittlichen möglich: die Lebhaftigkeit des Handels, das Durchrauschen des Papiergelds, das Anschwellen der Schulden, um Schulden zu bezahlen, das alles sind die ungeheuern Elemente, auf die gegenwärtig ein junger Mann gesetzt ist. Wohl ihm, wenn er von der Natur mit mäßigem ruhigem Sinn begabt ist, um weder unverhältnismäßige Forderungen an die Welt zu machen, noch auch von ihr sich bestimmen zu lassen!

Maximen und Reflexionen.
Hamburger Ausgabe 12, 389.

»Zu vollenden ist nicht die Sache des Schülers, es ist genug, wenn er sich übt.«
»Aber doch fertig macht, so gut er kann.«

Wilhelm Meisters Lehrjahre, 1. Buch, 10. Kapitel:
Wilhelm im Streitgespräch mit Werner.
Hamburger Ausgabe 7, 36.

Der Jüngling, wenn Natur und Kunst ihn anziehen, glaubt mit einem lebhaften Streben bald in das innerste Heiligtum zu dringen; der Mann bemerkt, nach langem Umherwandeln, daß er sich noch immer in den Vorhöfen befinde.

Schriften zur Kunst: Einleitung in die Propyläen.
Hamburger Ausgabe 12, 38.

Meine alten Freunde zu erhalten, jüngere zu gewinnen, ist jetzt mein unabläßlicher Wunsch, und da sind Sie überzeugt, daß Sie recht lieblich und löblich in der Mitte stehen.

An Johann Sulpiz Boisserée, 6. September 1822.
Hamburger Ausgabe, Briefe 4, 52.

Müßt Euer Glück nicht auf die Jüngste setzen.
Die Angejahrten wissen Euch zu schätzen.

Faust II, V. 6361 f.: Mephisto.
Hamburger Ausgabe 3, 195 f.

Denn ein bedeutendes Individuum weiß uns immer für sich einzunehmen, und wenn wir seine Vorzüge anerkennen, so lassen wir das, was wir an ihm problematisch finden, auf sich beruhen; ja was uns an Gesinnungen und Meinungen desselben nicht ganz gemäß ist, ist uns wenigstens nicht zuwider: denn jeder Einzelne muß ja in seiner Eigentümlichkeit betrachtet werden, und man hat neben seinem Naturell auch noch seine frühern Umgebungen, seine Bildungsgelegenheiten und die Stufen, auf denen er gegenwärtig steht, in Anschlag zu bringen. So geht es mir mit diesem, und ich denke, wir wollen in Frieden scheiden.
Überhaupt, wenn man mit der Welt nicht ganz fremd werden will, so muß man die jungen Leute gelten lassen für das, was sie sind, und muß es wenigstens mit einigen halten, damit man erfahre, was die übrigen treiben.

An Karl Friedrich Graf von Reinhard, 18. Mai 1811.
Gedenkausgabe 19, 633.

Wenn ich auf mein früheres und mittleres Leben zurückblicke und nun in meinem Alter bedenke, wie wenige noch von denen übrig sind, die mit mir jung waren, so fällt mir immer der Sommeraufenthalt in einem Bade ein. Sowie man ankommt, schließt man Bekanntschaften und Freundschaften mit solchen, die schon eine Zeitlang dort waren und die in den nächsten Wochen wieder abgehen. Der Verlust ist schmerzlich. Nun hält man sich an die zweite Generation, mit der man eine gute Weile fortlebt und sich auf das innigste verbindet. Aber auch diese geht und läßt uns einsam mit der dritten, die nahe vor unserer Abreise ankommt und mit der man auch gar nichts zu tun hat.

Gespräch mit Johann Peter Eckermann, 27. Januar 1824.
Gedenkausgabe 24, 82 f.

In der Jugend bald die Vorzüge des Alters gewahr zu werden, im Alter die Vorzüge der Jugend zu erhalten, beides ist nur ein Glück.

Maximen und Reflexionen.
Hamburger Ausgabe 12, 542.

»Man meint immer«, sagte Goethe lachend, »man müsse alt werden, um gescheit zu sein; im Grunde aber hat man bei zunehmenden Jahren zu tun, sich so klug zu erhalten, als man gewesen ist. Der Mensch wird in seinen verschiedenen Lebensstufen wohl ein anderer, aber er kann nicht sagen, daß er ein Besserer werde, und er kann in gewissen Dingen so gut in seinem zwanzigsten Jahre recht haben als in seinem sechzigsten.
Man sieht freilich die Welt anders in der Ebene, anders auf den Höhen des Vorgebirgs und anders auf den Gletschern des Urgebirgs. Man sieht auf dem einen Standpunkt ein Stück Welt mehr als auf dem andern; aber das ist auch alles, und man kann nicht sagen, daß man auf dem einen mehr recht hätte als auf dem andern.«

Gespräch mit Johann Peter Eckermann, 17. Februar 1831.
Gedenkausgabe 24, 451 f.

Man darf nur alt werden, um milder zu sein; ich sehe keinen Fehler begehen, den ich nicht auch begangen hätte.

Maximen und Reflexionen.
Hamburger Ausgabe 12, 542.

Vom Vergangenen und Geleisteten mag man gern im Alter sprechen, um so mehr als einer frischen Jugend nicht zu verargen ist, wenn sie ihre eigenen Verdienste gelten macht und, mit mehr oder weniger Bewußtsein und Vorsatz, besonders das Nächstvergangene in die Ferne zu drängen und zu übernebeln trachtet.

Aus den Anmerkungen zu Dichtung und Wahrheit.
Jubliäumsausgabe 24, 268.

Die Wechselneigung des früheren und späteren Alters deutet eigentlich auf ein echt pädagogisches Verhältnis. Eine leidenschaftliche Neigung des Kindes zum Greise ist keineswegs eine seltene, aber selten benutzte Erscheinung. Hier gewahre man den Bezug des Enkels zum Großvater, des spätgebornen Erben zum überraschten zärtlichen Vater. In diesem Verhältnis entwikkelt sich eigentlich der Klugsinn der Kinder; sie sind aufmerksam auf Würde, Erfahrung, Gewalt des Älteren; rein geborne Seelen empfinden dabei das Bedürfnis einer ehrfurchtsvollen Neigung; das Alter wird hiervon ergriffen und festgehalten. Empfindet und benutzt die Jugend ihr Übergewicht, um kindliche Zwecke zu erreichen, kindische Bedürfnisse zu befriedigen, so versöhnt uns die Anmut mit frühzeitiger Schalkheit. Höchst rührend aber bleibt das heranstrebende Gefühl des Knaben, der, von dem hohen Geiste des Alters erregt, in sich selbst ein Staunen fühlt, das ihm weissagt, auch dergleichen könne sich in ihm entwickeln.

Noten und Abhandlungen zum besseren Verständnis des Westöstlichen Divans.
Hamburger Ausgabe 2, 202.

Anmaßlich find' ich, daß zur schlechtsten Frist
Man etwas sein will, wo man nichts mehr ist.
Des Menschen Leben lebt im Blut, und wo
Bewegt das Blut sich wie im Jüngling so?
Das ist lebendig Blut in frischer Kraft,
Das neues Leben sich aus Leben schafft.
Da regt sich alles, da wird was getan,
Das Schwache fällt, das Tüchtige tritt heran.
Indessen wir die halbe Welt gewonnen,
Was habt Ihr denn getan? genickt, gesonnen,
Geträumt, erwogen, Plan und immer Plan.
Gewiß! das Alter ist ein kaltes Fieber
Im Frost von grillenhafter Not.
Hat einer dreißig Jahr vorüber,
So ist er schon so gut wie tot.
Am besten wär's, euch zeitig totzuschlagen.

Faust II, V. 6774–6789: Der Baccalaureus über seinen Professor,
den Famulus Wagner des 1. Teils.
Hamburger Ausgabe 3, 208.

Zeige man doch dem Jüngling des edel reifenden Alters
Wert und dem Alter die Jugend, daß beide des ewigen Kreises
Sich erfreuen und so sich Leben im Leben vollende!

Hermann und Dorothea, 9. Gesang.
Hamburger Ausgabe 2, 504.

VI

»Daß wir uns in ihr zerstreuen,
Darum ist die Welt so groß«

Vom Reisen, sofern es die Augen öffnen und uns bilden kann

Wer sagt, die Technik habe das Leben der Menschen völlig verändert, spricht eine Binsenweisheit aus. Man wird differenzierend hinzufügen müssen, daß sich zwar die Formen des Zusammenlebens und die Normen des Verhaltens kräftig wandelten, der Mensch aber in seinen Grundbedürfnissen und Haupttrieben sich gleichblieb, auch wenn er dies nicht eingestehen will: Wie seine »Altvorderen« ist er seinen diffusen Instinkten in Ausnahmesituationen nur ausnahmsweise gewachsen. Der Angst und, daraus resultierend, der Aggressivität untertan, bleibt er dem Neid und der Geltungssucht unterworfen. Kleinlaut müssen wir uns sagen, daß die Menschen als sittliche Wesen über die Jahrhunderte hinweg keinen Fortschritt machten, daß wir hinter unseren technischen Mitteln, die stets zum Guten wie zum Schlechten gebraucht werden können, weit zurückgeblieben sind.

Die technische Mobilität des heutigen Menschen trennt ihn von der aufgenötigten Seßhaftigkeit früherer Generationen. Die Reiselust, besonders der Deutschen, ist immens. Daher liegt es nahe, einige Bemerkungen Goethes wiederzugeben, obschon das Wesentliche fehlen muß: das jeweilige Resultat seiner Fahrten, die ihn unter anderem nach Rom und, in kriegerischer Zeit, nach Nordfrankreich führten, – doch nicht nach Griechenland, das er im zweiten Teil des »Faust«-Dramas darstellte, als habe er es jahrelang durchstreift, und auch nicht in den Vorderen Orient, dessen geistige Kultur er im »Divan« wiedergab, als sei er ein einheimischer Gelehrter.

Goethes Mutter erzählte gelegentlich, wenn ihr Wolf nur nach Mainz gehe, dann wisse er hinterdrein so viel zu erzählen, als habe er mit Cook die Erde umsegelt. Ihr Sohn nahm von früh auf als Zeichner die Außenwelt wahr, die konturierte Landschaft in allen ihren Charakteristika, später als Naturforscher, den Mineralogie, Geologie und die unendliche Mannigfaltigkeit der Botanik interessierte. Von seinem geschulten Auge ließ er sich leiten, im Tagebuch notierte er alles Gesehene. Zu Goethes wichtigsten Einsichten gehört, daß wir nur sehen, was wir wissen, – daß also für jede Reise eine minuziöse Vorbereitung nötig ist. Seinen Rom-Aufenthalt hatte er über Jahre hinweg so genau geplant, daß er meinen konnte, schon einmal dagewesen zu sein.

Dieses geschaute Wissen kam seiner Phantasie zustatten, indem es allem Gedichteten festen Grund und Boden in der Wirklichkeit verschaffte. Seine genaue Kenntnis von Mensch, Landschaft und Gegenständen bewahrte ihn vor den bloßen Luftgestalten einer vagen Einbildungskraft. Im Alter las er Reisebeschreibungen früherer und jetziger Zeit, denn ihn interessierten auch Kanalbauprojekte in Panama, und Weltreisende wie Alexander von Humboldt mußten ihm Rede und Antwort über die sibirische Tundra wie über die Pflanzenwelt der Anden stehen ...

Der Sinn des Reisens für Goethe: Fremdes wahrzunehmen und es ins Eigene, Bekannte und Gewußte zu integrieren. Da flüchtige Eindrücke keine Erinnerung hinterlassen, kam es ihm aufs denkende Schauen an: Details behutsam zum Ganzen zu ergänzen und Typisches in der Fülle der Erscheinungen wahrzunehmen, ohne einer voreiligen Verallgemeinerung zu verfallen. Fremdes und Bekanntes zu amalgamieren war das Ziel, so daß das eigene Wissen korrigiert, erweitert und bereichert wird und eine wechselseitige Ergänzung stattfinden kann. Eine Voraussetzung dafür: daß wir der Hektik unseres Alltags widerstehen, die sich auf Reisen in unbekannt bleibende Fernen fortsetzt. Wer reist, um seine vorgefaßte Meinung bestätigt zu finden, – täte der nicht besser daran, in seinen vier Wänden zu bleiben? Im übrigen muß jeder, wohin auch der Weg führt, sein leidig-unleidiges Ich überall mitnehmen. Und da wir nicht mehr so gemächlich mit der Kutsche reisen können und nicht so unbequem wie Goethe zu seiner Zeit übernachten wollen, tut es gut, sich gelegentlich daran zu erinnern, daß manche Fahrten auch in der Phantasie – als Bildungsreise mit Kopf und im Kopf – schön und überdies erholsam sein können: »Sehnsucht ins Fer-

ne, Künftige zu beschwichtigen, / Beschäftige dich hier und heut im Tüchtigen.«
Mit den Freiheitskriegen begann die Wucherung des Nationalstaatsgedankens, des Nationalismus und des Chauvinismus, der mit seinen Bruderkriegen in den letzten hundert Jahren Leid und Tod über Europa brachte. Die Öffentlichkeit vermißte Goethes Patriotismus in jenen Jahren, doch sah er weiter als seine Zeitgenossen: Fasziniert von neuen technischen Erfindungen – wie der Eisenbahn –, bemerkte er im Verlust des Handwerklichen auch die sozialen Folgen; beeindruckt von den wirtschaftlichen Vorteilen eines geschlossenen Handelsraums mit einer einheitlichen Währung, sah er im Nationalstaat ein tödliches Übel. So formulierte er als letztes Ziel des Reisens die Mitverantwortung des einzelnen fürs Ganze, das nicht an nationalen Grenzen endigt. Es gibt eine Stufe der Kultur, so sagte er Eckermann (am 14. März 1830), wo man »über den Nationen steht und man ein Glück oder ein Wehe seines Nachbarvolkes empfindet, als wäre es dem eigenen begegnet«.

Kennst du das Land, wo die Zitronen blühn,
Im dunkeln Laub die Goldorangen glühn,
Ein sanfter Wind vom blauen Himmel weht,
Die Myrte still und hoch der Lorbeer steht,
Kennst du es wohl?
Dahin! Dahin
Möcht' ich mit dir, o mein Geliebter, ziehn!

Wilhelm Meisters Lehrjahre, 3. Buch, 1. Kapitel: Mignons Lied (1. Strophe).
Hamburger Ausgabe 7, 145.

Jetzt lebe wohl! Genieße das Leben auf der Reise und ziehe hin, wo Du es vergnüglich und nützlich findest. Vor dem ersten halben Jahre bedürfen wir Deiner nicht; Du kannst Dich also nach Belieben in der Welt umsehen, denn die beste Bildung findet ein gescheiter Mensch auf Reisen.

Wilhelm Meisters Lehrjahre, 5. Buch, 3. Kapitel: aus Werners Brief.
Hamburger Ausgabe 7, 288f.

Bleibe nicht am Boden heften,
Frisch gewagt und frisch hinaus!
Kopf und Arm mit heitern Kräften,
Überall sind sie zu Haus;
Wo wir uns der Sonne freuen,
Sind wir jede Sorge los:
Daß wir uns in ihr zerstreuen,
Darum ist die Welt so groß.

Wilhelm Meisters Wanderjahre, 3. Buch, 2. Kapitel.
Hamburger Ausgabe 8, 318.

Man beschloß Wilhelms Abreise zum zweitenmal, und wir finden ihn auf seinem Pferde, den Mantelsack hinter sich, erheitert durch freie Luft und Bewegung, dem Gebirge sich nähern, wo er einige Aufträge ausrichten sollte.
Er durchstrich langsam Täler und Berge mit der Empfindung des größten Vergnügens. Überhangende Felsen, rauschende Wasserbäche, bewachsene Wände, tiefe Gründe sah er hier zum erstenmal, und doch hatten seine frühsten Jugendträume schon in solchen Gegenden geschwebt. Er fühlte sich bei diesem Anblicke wieder verjüngt; all erduldeten Schmerzen waren aus seiner Seele weggewaschen, und mit völliger Heiterkeit sagte er sich Stellen aus verschiedenen Gedichten, besonders aus dem »Pastor fido«, vor, die an diesen einsamen Plätzen scharenweis seinem Gedächtnisse zuflossen. Auch erinnerte er sich mancher Stellen

aus seinen eigenen Liedern, die er mit einer besonderen Zufriedenheit rezitierte. Er belebte die Welt, die vor ihm lag, mit allen Gestalten der Vergangenheit, und jeder Schritt in die Zukunft war ihm voll Ahnung wichtiger Handlungen und merkwürdiger Begebenheiten.

Wilhelm Meisters Lehrjahre, 2. Buch, 3. Kapitel.
Hamburger Ausgabe 7, 86 f.

Willst du ins Unendliche schreiten,
Geh nur im Endlichen nach allen Seiten.

Sprüche.
Hamburger Ausgabe 1, 304.

Ich habe viel gesehen und noch mehr gedacht: die Welt eröffnet sich mehr und mehr, auch alles, was ich schon lange weiß, wird mir erst eigen. Welch ein früh wissendes und spät übendes Geschöpf ist doch der Mensch!

Italienische Reise: Neapel, 17. März 1787.
Hamburger Ausgabe 11, 210.

Überhaupt aber bin ich auf einer Idee, zu deren Ausführung mir nur noch ein wenig Gewohnheit mangelt; es würde nämlich nicht schwer werden, sich so einzurichten, daß man auf der Reise selbst mit Sammlung und Zufriedenheit arbeiten könnte, denn wenn sie zu gewissen Zeiten zerstreut, so führt sie uns zu andern desto schneller auf uns selbst zurück, der Mangel an äußern Verhältnissen und Verbindungen, ja die lange Weile ist demjenigen günstig, der manches zu verarbeiten hat. Die Reise gleicht einem Spiel, es ist immer Gewinn und Verlust dabei, und meist von der unerwarteten Seite, man empfängt mehr oder weniger als man hofft, man kann ungestraft eine Weile hinschlendern, und dann ist man wieder genötigt, sich einen Augenblick zusammenzunehmen. Für Naturen wie die meine, die sich gerne festsetzen und die Dinge festhalten, ist eine Reise unschätzbar, sie belebt, berichtigt, belehrt und bildet.

An Friedrich Schiller, 14. Oktober 1797.
Gedenkausgabe 20, 440 f.

Doch ist es immer besser, man reise in der Jugend, wo man die Dinge einzeln genießt und oft über ihren Wert schätzt. Die Summa Summarum des Alters ist eigentlich niemals erquicklich.

An Fritz von Stein, 21. Dezember 1798.
Gedenkausgabe 19, 360.

Mir ist's eine sonderbare Empfindung, unbekannt in der Welt herumzuziehen, es ist mir, als wenn ich mein Verhältnis zu den Menschen und den Sachen weit wahrer fühlte. Ich heiße Weber, bin ein Maler, habe Jura studiert, oder ein Reisender überhaupt, betrage mich sehr höflich gegen jedermann und bin überall wohl aufgenommen.

Da bereits der junge Goethe als Autor des »Werther« ein berühmter Mann war, reiste er gelegentlich, wollte er unerkannt bleiben, unter einem anderen Namen.

An Charlotte von Stein, 6. (u. 7.) Dezember 1777.
Weimarer Ausgabe IV, 3, 192.

Um zu begreifen, daß der Himmel überall blau ist, braucht man nicht um die Welt zu reisen.

Wilhelm Meisters Wanderjahre, 2. Buch: Betrachtungen im Sinne der Wanderer.
Hamburger Ausgabe 8, 302.

Eine Reise zerstreut uns von dem, was wir haben, und gibt uns selten das, was wir brauchen, erregt vielmehr neue Bedürfnisse, bringt uns in neue Verhältnisse, denen wir in einem gewissen Alter nicht mehr gewachsen sind.

An Friedrich Heinrich Jacobi, 28. Dezember 1794.
Weimarer Ausgabe IV, 10, 218.

Ich habe mir nun angewöhnt, überall zu Hause zu sein, und finde zuletzt nichts bequemer, als daß andre für mich bauen, pflanzen und sich häuslich bemühen. Nach meinen eigenen Besitzungen sehne ich mich nicht zurück [...]
Gewiß, wir machen viel zu viel vorarbeitenden Aufwand aufs Leben. Anstatt daß wir gleich anfingen, uns in einem mäßigen Zustand behaglich zu finden, so gehen wir immer mehr ins Breite, um es uns immer unbequemer zu machen. Wer genießt jetzt meine Gebäude, meinen Park, meine Gärten? Nicht ich, nicht einmal die Meinigen: fremde Gäste, Neugierige, unruhige Reisende.

Die Wahlverwandtschaften, 2. Teil, 10. Kapitel: der Lord.
Hamburger Ausgabe 6, 431.

Mir ist jetzt nur um die sinnlichen Eindrücke zu tun, die kein Buch, kein Bild gibt. Die Sache ist, daß ich wieder Interesse an der Welt nehme, meinen Beobachtungsgeist versuche und prüfe, wie weit es mit meinen Wissenschaften und Kenntnissen geht, ob mein Auge licht, rein und hell ist, wieviel ich in der Geschwindigkeit fassen kann, und ob die Falten, die sich in mein Gemüt geschlagen und gedrückt haben, wieder auszutilgen sind.

Italienische Reise: Vom Brenner bis Verona, 11. September 1786.
Hamburger Ausgabe 11, 25.

Schriften zur Kunst: Einleitung in die Propyläen.
Hamburger Ausgabe 12, 43.

Es ist offenbar, daß sich das Auge nach den Gegenständen bildet, die es von Jugend auf erblickt, und so muß der venezianische Maler alles klarer und heiterer sehn als andere Menschen. Wir, die wir auf einem bald schmutzkotigen, bald staubigen, farblosen, die Widerscheine verdüsternden Boden und vielleicht gar in engen Gemächern leben, können einen solchen Frohblick aus uns selbst nicht entwickeln.

Als ich bei hohem Sonnenschein durch die Lagunen fuhr und auf den Gondelrändern die Gondoliere, leicht schwebend, buntbekleidet, rudernd, betrachtete, wie sie auf der hellgrünen Fläche sich in der blauen Luft zeichneten, so sah ich das beste, frischeste Bild der venezianischen Schule. Der Sonnenschein hob die Lokalfarben blendend hervor, und die Schattenseiten waren so licht, daß sie verhältnismäßig wieder zu Lichtern hätten dienen können. Ein Gleiches galt von den Widerscheinen des meergrünen Wassers. Alles war hell in hell gemalt, so daß die schäumende Welle und die Blitzlichter darauf nötig waren, um das Tüpfchen aufs i zu setzen.

Italienische Reise: Venedig, 8. Oktober 1786.
Hamburger Ausgabe 11, 86f.

Jeder denkt doch eigentlich für sein Geld auf der Reise *zu genießen.* Er erwartet alle die Gegenstände, von denen er so vieles hat reden hören, nicht zu finden, wie der Himmel und die Umstände wollen, sondern so rein, wie sie in seiner Imagination stehen, und fast nichts findet er so, fast nichts kann er so genießen. Hier ist was zerstört, hier was angekleckst, hier stinkts, hier rauchts, hier ist Schmutz etc., so in den Wirtshäusern, mit den Menschen etc.

Reisetagebuch, 25. September 1786.
Weimarer Ausgabe III, 1, 231.

Das ist das Angenehme auf Reisen, daß auch das Gewöhnliche durch Neuheit und Überraschung das Ansehen eines Abenteuers gewinnt.

Italienische Reise: Neapel, 9. März 1787.
Hamburger Ausgabe 11, 197.

Aber freilich, wenn wir Deutschen nicht aus dem engen Kreise unserer eigenen Umgebung hinausblicken, so kommen wir gar zu leicht in diesen pedantischen Dünkel. Ich sehe mich daher gerne bei fremden Nationen um und rate jedem, es auch seinerseits zu tun. Nationalliteratur will jetzt nicht viel sagen, die Epoche der Weltliteratur ist an der Zeit, und jeder muß jetzt dazu wirken, diese Epoche zu beschleunigen.

Gespräch mit Johann Peter Eckermann, 31. Januar 1827.
Gedenkausgabe 24, 229.

Ich lobe sehr Ihren Entschluß, nach Spanien zu gehen; denn wer einmal fremde Literaturen genießen, sich von der bewohnten Welt einen Begriff machen, über Nationen, ihren Ursprung und ihre Verhältnisse denken will, der tut wohl, manche Länder zu bereisen, um sich ein Anschauen zu verschaffen, das durch keine Lektüre erregt werden kann.

An Wilhelm von Humboldt, 26. Mai 1799.
Gedenkausgabe 19, 372.

Wir lernen die Menschen nicht kennen, wenn sie zu uns kommen; wir müssen zu ihnen gehen, um zu erfahren, wie es mit ihnen steht.

Die Wahlverwandtschaften, 2. Teil, 5. Kapitel: Aus Ottilies Tagebuch.
Hamburger Ausgabe 6, 396.

Man kennt die Eigentümlichkeit einer Nation erst alsdann, wenn man sieht, wie sie sich auswärts beträgt.

An Adolf Oswald Blumenthal, 28. Mai 1819.
Gedenkausgabe 21, 333.

Am liebsten aber wünschte der Verfasser vorstehender Gedichte als ein Reisender angesehen zu werden, dem es zum Lobe gereicht, wenn er sich der fremden Landesart mit Neigung bequemt, deren Sprachgebrauch sich anzueignen trachtet, Gesinnungen zu teilen, Sitten aufzunehmen versteht. Man entschuldigt ihn, wenn es ihm auch nur bis auf einen gewissen Grad gelingt, wenn er immer noch an einem eignen Akzent, an einer unbezwinglichen Unbiegsamkeit seiner Landsmannschaft als Fremdling kenntlich bleibt.

Noten und Abhandlungen zum besseren Verständnis des Westöstlichen Divans.
Hamburger Ausgabe 2, 127.

Vielleicht überzeugt man sich bald, daß es keine patriotische Kunst und patriotische Wissenschaft gebe. Beide gehören wie alles Gute der ganzen Welt an und können nur durch allgemeine freie Wechselwirkung aller zugleich Lebenden, in steter Rücksicht auf das, was uns vom Vergangenen übrig und bekannt ist, gefördert werden.

Die Preisaufgabe betreffend: Flüchtige Übersicht über die Kunst in Deutschland.
Gedenkausgabe 13, 329.

Bis Nationen sich einander anerkennen, dazu bedarf es immer Zeit, und wenn es geschieht, geschieht es durch beiderseitige Talente, die einander eher als der große Haufe gewahr werden.

An Christoph Ludwig Friedrich Schultz, 28. November 1821.
Gedenkausgabe 21, 477.

Diese Zeitschriften, wie sie sich nach und nach ein größeres Publikum gewinnen, werden zu einer gehofften allgemeinen Weltliteratur auf das wirksamste beitragen; nur wiederholen wir, daß nicht die Rede sein könne, die Nationen sollen überein denken, sondern sie sollen nur einander gewahr werden, sich begreifen und, wenn sie sich wechselseitig nicht lieben mögen, sich einander wenigstens dulden lernen.

Aus einem Artikel in den »Edinburgh Reviews« (1828).
Jubiläumsausgabe 38, 170.

»Überhaupt«, fuhr Goethe fort, »ist es mit dem Nationalhaß ein eigenes Ding. – Auf den untersten Stufen der Kultur werden Sie ihn immer am stärksten und heftigsten finden. Es gibt aber eine Stufe, wo er ganz verschwindet und wo man gewissermaßen *über* den Nationen steht und man ein Glück oder ein Wehe seines Nachbarvolkes empfindet, als wäre es dem eigenen begegnet. Diese Kulturstufe war meiner Natur gemäß, und ich hatte mich darin lange befestigt, ehe ich mein sechzigstes Jahr erreicht hatte.«

Gespräch mit Johann Peter Eckermann, 14. März 1830.
Gedenkausgabe 24, 733 f.

Goethes Leben und Werk – kurzgefaßt

Goethe, Johann Wolfgang von, Dichter, Staatsmann und Naturforscher, * Frankfurt/M. 28.8.1749, † Weimar 22.3.1832. – Goethe gilt als letzter universaler Repräsentant der europäischen Kultur. Seine Eltern waren der kaiserliche Rat Johann Caspar Goethe (1710–1782) und die Bürgermeisterstochter Katharina Elisabeth Goethe, geborene Textor (1731–1808). Dem Stand seines Elternhauses entsprechend, erhielt Goethe vorwiegend Privatunterricht in alten und neuen Sprachen, Musik und Tanz, Fechten und Reiten. Wesentliche Eindrücke waren die Besetzung Frankfurts durch die Franzosen (1759–61), die Krönung Josefs II. (1764), Theaterbesuche und das Spiel des jungen W. A. Mozart. Die soziale Begünstigung des Knaben, der sich bereits in Versepen versuchte, ist offensichtlich, doch »das Rätsel der wunderbaren Begabung« (Freud, 1930) nicht erklärbar. Auf Wunsch des Vaters begann Goethe 1765 das Jurastudium in Leipzig. Er hörte Gellert und Gottsched, nahm Zeichenunterricht bei Oeser, wurde mit Winckelmanns Griechenbild vertraut, sah in der Dresdner Gemäldegalerie Raffael und die Niederländer, schrieb das Schauspiel *Die Laune des Verliebten*, die »Annette«-Lieder und – erstmals im eigenen Ton – Oden an seinen Freund Behrisch. Nach einem »Blutsturz« mußte Goethe 1768 ins Elternhaus zurückkehren. Während seiner Genesung wurde er von Susanna von Klettenberg (1723–1774) und dem Arzt Dr. Metz beeinflußt: Er las mystische und alchemistische Schriften, u. a. Paracelsus, näherte sich dem Pietismus und entnahm Gottfried Arnolds *Unpartheyischer Kirchen- und Ketzerhistorie* (2 Bde., 1699/1700) seine Vorbehalte gegen kirchliche Dogmen. Später entwickelte Goethe seine Liebesreligion, in der Sünde und Erlösung peripher, »Gott und Liebe Synonyme« sind (HA 12,229).

Um das Jurastudium abzuschließen, ging Goethe im März 1770 nach Straßburg, erlangte den »Licentiatus Juris« und lernte Herder und dessen zukunftsweisende Einsichten in Homer und Pindar, Shakespeare und Ossian kennen. Goethe befreundete sich mit J. M. R. Lenz, sah die elsässische Natur mit den Augen Rousseaus und verliebte sich in Friederike Brion (1752–1813), die Tochter des Pfarrers von Sesenheim. In den ihr gewidmeten Gedichten (»Es schlug mein Herz«, »Maifest«) wurden erstmals in der deutschen Lyrik Empfindung und Ausdruck ununterscheidbar eins; die Bezugseinheit von Ich und Landschaft prägte fortan Goethes Gedichte. Im August 1771 kam Goethe nach Frankfurt zurück. Die juristischen Geschäfte erledigte weithin der Vater, so daß Goethe den Brotberuf nebenbei und seine literarische Arbeit mit ungeteilter Aufmerksamkeit betreiben konnte. Merck führte ihn bei den Darmstädter »Empfindsamen« ein. Goethe schrieb die freimetrischen Hymnen der Genieperiode, Setzungen des hochgesteigerten Subjekts, das sich in mythologischen Rollen (»Prometheus«, »Ganymed«) zu bestimmen versucht. Außerdem entstanden der sog. Urfaust und der *Götz von Berlichingen* (1773). Als Praktikant verbrachte Goethe den Sommer 1772 am Reichskammergericht in Wetzlar, freundete sich mit Kestner und dessen Braut Charlotte Buff an. Mit den *Leiden des jungen Werthers* (1774) legte er das Psychogramm der Empfindsamkeit vor. Als erste Publikation unter Goethes Namen erschien 1774 *Clavigo.* Im Frühjahr 1775 verlobte sich Goethe mit Lili Schönemann, mußte die Verbindung jedoch bald wieder lösen. Mit den Brüdern Stolberg trat er die (erste) Schweizer Reise an, die ihn zu Bodmer und Lavater nach Zürich und auf den St. Gotthard führte.

Man tadelte Goethes Übergang nach Weimar am 7.11.1775 und übersah dabei, daß ihm Frankfurt erst 1792 eine Ratsherrenstelle antrug; man rügte sein Bleiben in Weimar als höfische Abhängigkeit, ohne zu bedenken, daß das kleine Herzogtum die damalige große politische Welt in nuce spiegelte. Goethe kam als Freund Karl Augusts und fand Tätigkeitsbereiche, die seinem Wirkungswillen entsprachen, doch ungemeine Selbstdisziplinierung verlangten. Er leitete den Wegebau, war zuständig für das Ilmenauer Bergwerk, für die Finanzen sowie das kleine Heer und erlebte über zehn Jahre hinweg die Anstrengungen und Enttäuschungen des Homo politicus, der dem Hof wie dem Volk dienen will. Die Arbeit brachte ihm Anerkennung (1779 den Geheimratstitel, 1782 das Adelsdiplom), verzögerte aber den Abschluß dichterischer Entwürfe (*Iphigenie auf Tauris* 1786; *Egmont* 1787; *Torquato Tasso* 1790 und der »Theatralischen Sendung«, des sog. Urmeisters).

Das Praxiswissen ging in vielerlei Form in die Dichtungen ein: Goethe brauchte nicht das Poetische mit Wirklichkeit auszustatten, sondern – so Merck – er konnte dem Wirklichen poetische Gestalt geben. Die lyrische Ernte war groß: »Warum gabst du uns«, »Harzreise«, die beiden Gedichte »Wandrers Nachtlied« – die Gedichte sind Zeugnisse seiner Liebe zu Charlotte von Stein (1742–1827), die ihn bildete wie niemand sonst, anzog und abwies und ihm ungewollt die Flucht nach Italien nahelegte. Von Karlsbad aus reiste Goethe insgeheim am 3.9.1786 nach Rom, dem er, durch Umgang mit deutschen Künstlern und Ästhetikern (Angelika Kauffmann, Hackert, Tischbein und K.Ph. Moritz) gefördert, seine »Wiedergeburt« verdankte (*Italienische Reise* 1816/17). Auf »klassischem Boden« vollendete er die sog. frühklassischen Werke. Der extreme Subjektivismus erfuhr jetzt strikte Selbstbegrenzung. Goethes römische Ästhetik forderte die Objektivität des gegenständlichen Stils und das Ethos der »geregelten« Einbildungskraft. Goethe übernahm, wie *Iphigenie auf Tauris* erweist, die formale Strenge des französischen Klassizismus. Die sinnenhafte Anschaulichkeit des Bühnenvorgangs wurde fortan durch die Sinnhaftigkeit des verinnerlichten Handelns ersetzt. Im Juni 1788 kehrte Goethe nach Weimar zurück – gereift als Mensch und Dichter, Künstler und Naturforscher. Im September ging er seine Gewissensehe mit Christiane Vulpius (1765–1816) ein, die 1806 kirchlich legalisiert wurde. Die von der Gesellschaft mißbilligte Beziehung ersteht in den

»Römischen Elegien« (1795) wieder – sinnenfrohes Bekenntnis einer erfüllten Liebe, das nur unvollständig der Öffentlichkeit anvertraut werden konnte.

Die französische Revolution von 1789 lehnte Goethe von Anfang an als das »schrecklichste aller Ereignisse« ab, obwohl er sie als Schuld der privilegierten Klassen begriff. Die Vorgänge in Paris wurden für seinen evolutionären Sinn und konservativen Ordnungsgedanken zum Trauma, das in fast allen späteren Werken – in den *Unterhaltungen deutscher Ausgewanderten* (1795), *Hermann und Dorothea* (1797) und in der *Natürlichen Tochter* (1804) – angesprochen ist. Goethe gab nach der Rückkehr von Rom seine Ämter auf, leitete aber seit 1791 das Hoftheater und organisierte nach 1797 die Bibliotheken des Herzogtums.

Einer gewissen Isolation beugte die Freundschaft mit Schiller seit 1794 vor, der 1799 nach Weimar übersiedelte. Die zehn Freundschaftsjahre ermöglichten das produktivste Briefgespräch der deutschen Literatur, ablesbar an beider Werke, an *Faust* und den *Lehrjahren* (1795/96), an den Balladen, Xenien, an Schillers *Wallenstein* (1800), der Dichtungstheorie und dem gemeinsam erarbeiteten Symbol-Begriff. In verwandter Kunstgesinnung wurde das ästhetische Programm formuliert, das die Basis für die (erst viel später so genannte) Weimarer Klassik abgab. Die *Lehrjahre* beschreiben die langwierige Entwicklung eines bürgerlichen Individuums mit einem antibürgerlichen Affekt, das erkennen muß, daß es mit dem Theaterleben nur den Schein des Wirklichen erhascht und die eigene Konturierung nur an den Gegenständen und in verantworteter Gemeinschaft gewonnen werden kann. Dieser Bildungs- bzw. Entwicklungsroman, der den Anspruch des einzelnen und die Forderung des Ganzen auszugleichen sucht, demonstriert, wie fremd dem »klassischen« Goethe sein »nicht-klassischer« Faust (Protagonist des Sturm und Drang) geworden sein muß. Es ist Schiller zu danken, daß Goethe 1797 das *Faust*-Fragment (1790) wieder vornahm. Die bindungslos revoltierende Figur verabsolutiert ihr Verlangen nach Ich- und Welttotalität – ein hybrider Anspruch für ihren Autor, der seit langem Entsagung als Maxime anzuerkennen gelernt hatte. Auch wenn Goethe – wie Schiller – auf der Autonomie der Kunst bestand, sind die Wirklichkeitsbezüge selbst in diesen Jahren überdeutlich: In *Hermann und Dorothea* werden das Ordnungsdenken des Bürgertums, sein Arbeitsethos und die disziplinierte Sachlichkeit verklärt. Goethes Erschrecken über die gesetzlose politische Geschichte nach 1789 förderte seine Bemühung um die gesetzmäßig wirkende Natur. Realgeschichtliche Stoffe löste er aus ihrer verwirrenden zeitlichen Aktualität, denn seine Symbolkunst, die sich nach 1800 vollends durchsetzte, ist nur an den überzeitlichen Konstanten interessiert. So vermittelt *Die natürliche Tochter* modellhaft die Genesis einer jeden Revolution als Folge von Rechtsschwund und Gerechtigkeitsverfall.

Goethe wandte für seine Naturstudien nicht weniger Zeit als für seine Dichtungen auf. Schon in Straßburg trieb er Anatomie, in Weimar Botanik, Mineralogie und Geologie, später Osteologie und Optik. 1784 entdeckte er den Zwischenkieferknochen, das letzte fehlende Glied in der Abstammungslehre; in Palermo glaubte er die Urpflanze zu schauen. Er formulierte seine Pflanzen- und Tiermetamorphose und wandte nach 1791 an die *Farbenlehre* (2 Bde., 1808–1810, Tafelband 1812) – und an die lange Geschichte des Denkens über Farben – mit missionarischem Eifer vieljährige Mühen. Bei seinen vergleichenden Studien auf fast allen Wissensgebieten erkannte Goethe ein einheitliches Bildungsgesetz, das erlaubt, Aussagen über Naturvorgänge wie Selbstaussagen von Menschen zu formulieren. So ist die »chemische Gleichnisrede« der *Wahlverwandtschaften* (1809) übertragbar, denn ein Netz kausaler Bedingungen überzieht auch die menschliche Freiheit: Die »Chemie« der erotischen Liebe stiftet und löst Beziehungen mit gerader Notwendigkeit.

Goethes Alter ist von Abschieden gezeichnet: 1808 starb Frau Aja, seine Mutter, 1816 Christiane, 1828 der Großherzog, 1830 August, sein Sohn. Die Physiognomie dieser Übergangsepoche ist von Preußens Niederlage bei Jena, Napoleons Feldzügen, den Befreiungskriegen, den reaktionären Metternich-Gesetzen und der Pariser Julirevolution von 1830 geprägt. In Erfurt empfing ihn der als »dämonisch« respektierte französische Kaiser (1808); an Rhein und Main erschloß sich ihm (1814/15) die altdeutsche Malerei und damit das Mittelalter; der Eros – in Gestalt von Marianne von Willemer und Ulrike von Levetzow – brach das Geheimrätliche auf und bedingte eine »wiederholte Pubertät«. Nach den Napoleonischen Kriegen löste sich seine klassizistische Erstarrung. Mit Hilfe eindringlicher Kulturstudien machte Goethe den Orient in der deutschen Literatur heimisch. Der *Westöstliche Divan* (entst. seit 1814, ersch. 1819) erreicht die lyrische Symbiose von Fremdem und Eigenem, von Tiefsinn und Scherz – einzigartiges Zeugnis der proteischen Wandlungsfähigkeit seiner Phantasie.
Die weltanschaulichen Gedichte seines Alters (»Urworte. Orphisch«, 1820) sprechen sentenzen- und lehrhaft kosmische und zugleich individuell anwendbare Ordnungsprinzipien aus – die Summe der Erfahrung von Gott, Mensch und Wirklichkeit. Die Natur- und Liebeslyrik des Alters (»Trilogie der Leidenschaft«, 1823) erlangt die Synthese von Spontaneität und Reflexion, distanzierendem Geist und kalkulierter Emphase. Das bloß Biographische wird transparent für das Typische; alles Gewesene versammelt sich in gesteigerter Gegenwärtigkeit, die die Last des Gelittenen fernhält. Goethe betrieb die naturwissenschaftlichen Studien intensiv weiter und begann 1809, seine Lebenserinnerungen niederzuschreiben (*Aus meinem Leben. Dichtung und Wahrheit*, 1811–33). Die Hauptarbeiten der sog. klassischen Phase, *Wilhelm Meister* und *Faust*, wurden mit größter Anstrengung fortgeführt. *Die Wanderjahre* (1829) stellen hellsichtig die Diagnose des beginnenden Zeitalters der Maschine

und Masse. Die formale Neuheit und thematische Modernität dieses Romans sind bis heute nicht hinreichend erkannt. Die Fabulierlust konzentriert sich nüchtern auf eine künftige Sozialordnung, auf ökonomische, pädagogische Probleme und handwerkliche Fertigkeiten. Am Ende bringt es Wilhelm nur eben zum Wundarzt: Die Leistung fürs Gemeinwohl bestimmt den Wert der Person; realisierbare gemeinsame Projekte ersetzen die früheren subjektiven Projektionen.

Trotz seiner Schuld und der ironischen Vorbehalte seines Autors bleibt Faust seines »immer strebenden Bemühens« wegen, das sich im Tatwillen erfüllt, erlösungswürdig – der bedenkliche Repräsentant einer Kultur, die »Herrschaft« will und »Eigentum« (vgl. *Faust* V. 10187). Bereits 1800 hatte F. Schlegel davor gewarnt, Goethes Werke isoliert zu verstehen: Eine Figur ergänzt und berichtigt die entgegengesetzte Haltung; Wilhelm Meisters systolische Selbstbegrenzung kontrastiert mit Fausts diastolischem Lebensprinzip.

An äußeren Ereignissen arm, war Goethes Alter überreich an Resultaten. Unbegreiflich bleibt die Fülle des Geleisteten, das seine weltliterarische Geltung begründete, kaum vergleichlich die Weite der Interessen und Kenntnisse, die eindrucksvolle Souveränität seiner Urteilskraft, die sich alles Gelesene einverwandelte und fruchtbar machte. Das lange verkannte Alterswerk stellt in Formen und Gehalten einen vielfachen Neubeginn dar. Der Altersstil vermittelt das konkrete Besondere im modellhaft Allgemeinen (*Novelle*, 1828). Da »alles Vergängliche« ein »Gleichnis« für das Unvergängliche, das Gesetzliche ist, wird das Erscheinende transparent für das Noumenon, das Wesenhafte. Formelhaft kehrt die Einsicht wieder, daß er sich selbst historisch geworden und »aus der Erscheinung« zurückgetreten sei. Goethe war sich seiner repräsentativen Bedeutung – auch für das Ausland, das in ihm den Ahnherrn der europäischen Romantik verehrte – voll bewußt; nicht nur königliche Hoheiten, viele bedeutende Schriftsteller und Gelehrte suchten ihn auf. Er bildete den Begriff »Weltliteratur« aus, arbeitete an der eigenen Individualität wie an einem Kunstwerk und stand oft, vornehmlich während der »nationalen« Befreiungskriege, gegen die Zeit. Seine Weltfrömmigkeit wurde von seiner Geschichtsskepsis bedrängt, aber nicht aufgezehrt; sein Dichten und Denken kulminierte im schwer errungenen Lebensdank: »Wie es auch sei das Leben es ist gut« (HA I, 386). Am aristokratischen Konservatismus des politischen Goethe läßt sich seine Zeitbedingtheit ablesen, an dem gegen Isaac Newton (1643–1727) polemisierenden Naturforscher die Eigenart und Grenze seines Weltverhältnisses: Nur noch zu seiner Zeit war eine Naturforschung möglich, die sich allein auf den Augenschein gründete und in der dinglichen Vielheit den »Ur-Einen« zu erkennen glaubte.

Goethe, »Repräsentant des bürgerlichen Zeitalters« (Thomas Mann), verkörperte in seiner universalen Weite ein letztes Mal, was wir abendländische Kultur nennen: Er war der Europäer unter den Deutschen, der Weltbürger unter den Europäern – ein Zeitgenosse auch unserer Tage.

Werner Keller

Arnim, Achim von (1781–1831), Dichter, Vertreter der deutschen Romantik. Gemeinsam mit Clemens Brentano Herausgeber der Volksliedsammlung »Des Knaben Wunderhorn«; Bekanntschaft mit Goethe seit 1801.

Behrisch, Ernst Wolfgang (1738–1809), Jugendfreund Goethes in Leipzig.

Blumenthal, Adolf Oswald, Student in Breslau, der eine Sammlung deutscher Gedichte in lateinischer Sprache zusammenstellte; Goethe wurde brieflich um Ratschläge für dieses Vorhaben gebeten.

Boisserée, Johann Sulpiz (1783–1854), Kölner Kunstsammler, den Goethe 1811 kennenlernte und mit dem ihn ein intensiver Briefwechsel über mittelalterliche Kunst verband.

Brühl, Moritz Graf von (1772–1837), Hofbeamter in Berlin, u. a. Intendant der Königlichen Schauspiele Berlin. Auf seine Anregung hin verfaßte Goethe 1811 den »Prolog zur Eröffnung des neuen Berliner Theaters«.

Cotta, Johann Friedrich (1764–1832), Buchhändler und Verleger in Stuttgart; seit 1798 gab er Goethes Werke heraus.

Eckermann, Johann Peter (1792–1854), seit 1823 wichtiger Gesprächspartner Goethes, wesentliche Beteiligung an der vierzigbändigen »Ausgabe letzter Hand« von Goethes Werken; zwischen 1835 und 1848 erschienen die von ihm aufgezeichneten bedeutsamen »Gespräche mit Goethe«.

Egloffstein, Julie Gräfin von (1792–1869), gehörte gemeinsam mit ihrer Mutter zum Freundeskreis Goethes in Weimar.

Eichstädt, Heinrich Karl Abraham (1772–1848), stand als Herausgeber der »Jenaischen Allgemeinen Literaturzeitung« in Kontakt mit Goethe.

Eybenberg, Marianne von, gehörte seit 1795 zum Karlsbader Bekanntenkreis Goethes.

Fabricius, Anna Catharina, Freundin von Goethes Schwester Cornelia.

Falk, Johann Daniel (1768–1828), Schriftsteller und Erzieher; arbeitete als Dolmetscher für den Weimarer Hof und pflegte in dieser Zeit eine enge Beziehung zu Goethe; Gründer einer Erziehungsanstalt für verwaiste und verwahrloste Kinder in Weimar.

Grüner, Joseph Sebastian (1780–1864), Jurist und Verwaltungsbeamter in Böhmen, mit dem Goethe seit 1820 korrespondierte.

Herder, Siegmund August Wolfgang, der zweite Sohn des Weimarer Superintendenten und Kulturphilosophen Johann Gottfried Herder, des bedeutendsten Anregers für die Literatur der Goethezeit.

Humboldt, Wilhelm von (1767–1835), Sprachforscher, preußischer Diplomat und Minister, Begründer der Berliner Universität; enge Freundschaft mit Goethe.

Jacobi, Friedrich Heinrich (1743–1819), Jurist, Philosoph und Schriftsteller; seit 1774 zunächst intensive Freundschaft mit Goethe, die aber später wegen weltanschaulicher Differenzen gefährdet war.

Karl August, Herzog von Sachsen-Weimar-Eisenach (1757–1828), seit 1775 regierender Herzog; Goethe folgte seiner Einladung nach Weimar Anfang November 1775. Lebenslange Freundschaft zu Goethe, der in allen Staatsgeschäften sein engster Vertrauter wurde.

Knebel, Karl Ludwig von (1744–1834), Goethes »Urfreund«, Übersetzer des Lukrez. 1774 von Anna Amalia zum Erzieher des Prinzen Konstantin bestellt; er vermittelte die erste Begegnung zwischen Karl August und dem durch seinen »Werther« berühmt gewordenen Goethe.

La Roche, Sophie von (1731–1807), eine der bekanntesten Schriftstellerinnen ihrer Zeit, verheiratet mit dem Staatsrat von Kur-Trier.

Laube, Heinrich (1806–1884), Dichter und Direktor des Wiener Burgtheaters.

Lavater, Johann Kaspar (1741–1801), bekannter Prediger und Schriftsteller in Zürich, mit Goethe zunächst freundschaftlich verbunden; Abkühlung des Verhältnisses aufgrund von Lavaters religiösem Übereifer.

Levetzow, Ulrike von (1804–1899), Goethe lernte sie bereits als Kind auf einer seiner böhmischen Badereisen kennen; Ulrike wurde seine letzte große, unerfüllte Liebe. Deren Bedeutung hielt Goethe in der »Marienbader Elegie« fest.

Lobe, Johann Christian (1797–1881), Komponist, Mitglied der Weimarer Theaterkapelle.

Merck, Johann Heinrich (1741–1791), Kriegsrat in Darmstadt, vielseitig begabter Schriftsteller, Mentor und Freund Goethes in der Frankfurter Zeit; bewog Goethe zur Herausgabe des »Götz von Berlichingen«.

Meyer, Johann Heinrich (1759–1832), Goethe lernte den Schweizer Maler und Kunsthistoriker in Italien kennen; er berief ihn 1792 an die Weimarer Zeichenschule. Meyer, dessen Rat in Kunstfragen Goethe schätzte, gehörte zu den engsten Vertrauten des Dichters.

Müller, Friedrich von (1779–1849), Jurist, Kanzler in Weimar; Goethes Gesprächspartner, dessen Tagebuchaufzeichnungen 1870 erschienen.

Orville, Jean George de, Onkel von Goethes Braut Lili Schönemann, in dessen Haus in Offenbach sich der junge Goethe häufig aufhielt.

Reinhard, Karl Friedrich Graf von (1761–1837), studierte evangelische Theologie in Tübingen, seit 1791 Diplomat in französischen Diensten. Einer der wichtigsten Briefpartner Goethes.

Riemer, Friedrich Wilhelm (1774–1845), Philologe. Als Lehrer von Goethes Sohn August lebte er einige Zeit im Haus am Frauenplan und wurde zu einem wichtigen Ratgeber und Gesprächspartner Goethes.

Rochlitz, Johann Friedrich (1769–1842), Schriftsteller und Herausgeber der »Allgemeinen Musikalischen Zeitung«; seit 1800 Kontakt mit Goethe.

Salzmann, Johann Daniel (1722–1812), naher Bekannter Goethes aus der Straßburger Studentenzeit.

Schultz, Christoph Ludwig Friedrich (1781–1834), Jurist und hoher Verwaltungsbeamter in Berlin; seit 1814 Briefwechsel mit Goethe über Naturwissenschaft und Kunst.

Seebeck, Thomas Johann (1770–1831), Naturwissenschaftler und Arzt, lebhafter Briefwechsel mit Goethe über dessen »Farbenlehre«.

Soret, Frédéric Jean (1795–1865), Naturforscher und Schriftsteller aus Genf; seit 1822 Erzieher des Erbprinzen Carl Alexander in Weimar. Enge Bekanntschaft mit Goethe; 1831 übersetzte er dessen »Metamorphose der Pflanzen« ins Französische. Veröffentlichte umfangreiche Gespräche mit Goethe.

Stein, Charlotte von (1742–1827), Hofdame der Herzogin Anna Amalia, verheiratet mit dem Oberstallmeister Gottlob Ernst Josias von Stein. Während des ersten Weimarer Jahrzehnts die geliebte Mitte von Goethes Leben.

Stein, Fritz von (1772–1844), Sohn der Charlotte von Stein, lebte drei Jahre in Goethes Wohnung und wurde von ihm erzogen.

Stolberg-Stolberg, Auguste Gräfin zu (1753–1835), Brieffreundin Goethes; Schwester der Brüder Stolberg, mit denen Goethe 1775 in die Schweiz reiste.

Trebra, Friedrich Wilhelm Heinrich von (1740–1819), Bergbaufachmann, der 1776 nach Ilmenau kam und dort Goethe kennenlernte.

Vulpius, Christiane (1765–1816), seit 1788 Goethes Lebensgefährtin, die er 1806 heiratete, Mutter des gemeinsamen Sohnes August.

Wieland, Christoph Martin (1733–1813), bedeutender Dichter seiner Zeit. Von der Herzogin zur Erziehung ihrer Söhne nach Weimar geholt. Von unschätzbarem Einfluß über die Jahrzehnte hinweg auf Goethe.

Willemer, Marianne von (1784–1860), Schauspielerin; kam 1798 nach Frankfurt, heiratete 1814 ihren Pflegevater. Goethes »Suleika« im »Westöstlichen Divan«; schrieb ebenbürtige Gedichte unter Goethes Einfluß.

Zelter, Karl Friedrich (1758–1823), Maurermeister, Komponist und später Professor für Musik in Berlin, vertonte zahlreiche Goethe-Gedichte. Seit 1799 Briefwechsel mit Goethe, der sich von Jahr zu Jahr intensivierte und an Lebendigkeit und Niveau gewann.

Zimmermann, Johann Georg von (1728–1795), Schweizer Arzt und Schriftsteller, lernte 1775 Goethe kennen; das Verhältnis kühlte bald ab.

Quellen

Die Zitate sind den folgenden Ausgaben entnommen; Orthographie und Interpunktion wurden, wenn nötig, behutsam der heutigen Schreibweise angeglichen.

Goethes Werke. Herausgegeben im Auftrage der Großherzogin Sophie von Sachsen (Weimarer Ausgabe). 133 Bände. Weimar 1887–1919.

Goethes Sämtliche Werke. Jubiläumsausgabe. 40 Bände und 1 Registerband. Herausgegeben von Eduard von der Hellen. Stuttgart und Berlin 1902–1912.

Goethe. Gedenkausgabe der Werke, Briefe und Gespräche zum 28. August 1949. Herausgegeben von Ernst Beutler. 24 Bände und 3 Ergänzungsbände. Zürich 1948–1971.

Goethes Werke. Hamburger Ausgabe in 14 Bänden. Herausgegeben von Erich Trunz. Hamburg 1948–1964 (München 1972).

Friedrich Wilhelm Riemer: *Mitteilungen über Goethe.* Band 2. Berlin 1841.

Goethe in der Anekdote. Gesammelt und herausgegeben von Edwin Zellweker. Wien 1947.